U0531213

南强哲学出版基金资助

厦大哲学丛书

# 自由与市民社会的关系研究

以黑格尔《法哲学原理》为中心

郭伟峰 著

### 图书在版编目（CIP）数据

自由与市民社会的关系研究：以黑格尔《法哲学原理》为中心 / 郭伟峰著. -- 厦门：厦门大学出版社，2025.4. --（厦大哲学丛书）. -- ISBN 978-7-5615-9755-2

Ⅰ. B516.35

中国国家版本馆CIP数据核字第2025ZC4426号

| 责任编辑 | 高　健 |
| --- | --- |
| 美术编辑 | 李夏凌 |
| 技术编辑 | 朱　楷 |

| 出版发行 | 厦门大学出版社 |
| --- | --- |
| 社　　址 | 厦门市软件园二期望海路39号 |
| 邮政编码 | 361008 |
| 总　　机 | 0592-2181111　0592-2181406(传真) |
| 营销中心 | 0592-2184458　0592-2181365 |
| 网　　址 | http://www.xmupress.com |
| 邮　　箱 | xmup@xmupress.com |
| 印　　刷 | 厦门市竞成印刷有限公司 |

| 开本 | 720 mm×1 020 mm　1/16 |
| --- | --- |
| 印张 | 14 |
| 插页 | 1 |
| 字数 | 180千字 |
| 版次 | 2025年4月第1版 |
| 印次 | 2025年4月第1次印刷 |
| 定价 | 66.00元 |

本书如有印装质量问题请直接寄承印厂调换

## 目 录

导 言 ………………………………………………………… 1

**第一章 前黑格尔时期自由概念演化史** ………………… 8
第一节 古希腊时期自由思想的萌发 ……………… 10
第二节 希腊化及中世纪时期的自由观念 ………… 14
第三节 理性主义和经验主义的自由理论 ………… 18

**第二章 前黑格尔时期市民社会概念演化史** …………… 51
第一节 前市民社会阶段的国家与社会理论 ……… 53
第二节 近现代市民社会概念的出现 ……………… 62
第三节 苏格兰启蒙学派的市民社会理论 ………… 73
第四节 斯密的文明观及其对市民社会独立性的确证 … 95

**第三章 黑格尔的自由谱系与现代社会结构的生成** …… 101
第一节 作为"自由主义者"的黑格尔 ……………… 103
第二节 自由现实化的诸环节与社会规范的诸形态 … 106

第三节　黑格尔自由观的理论价值及局限 …………… 142

**第四章　作为自由之高阶实现的黑格尔市民社会理论** ………… 146
　　第一节　黑格尔市民社会理论的历史背景与思想来源 ………… 147
　　第二节　市民社会中自由现实化的开展机制 …………… 155
　　第三节　市民社会的内在困境与自由进阶的出路 …………… 172

**第五章　马克思对黑格尔自由与市民社会观点的批判与超越** …… 179
　　第一节　马克思自由观管窥 ………………………… 180
　　第二节　马克思对市民社会决定地位的唯物史观重塑 ………… 196

**结　语　自由、秩序与乌托邦** ………………………… 208

**参考文献** ………………………………………… 213

# 导 言

在现代性的论域中,人类文明在物质和精神两个层面有着较为明确的内涵。物质层面上,是物质财富的丰盈、自由和充满活力的市场经济体制以及相应的对这些生产和生活实践进行规范与调节的法治社会;精神层面上,是以自由和平等为核心的现代性价值观念对人们的生存实践活动所发挥的引领作用。可以说,这两个方面共同构成了人们对于现代文明的基本理解。现代文明的物质层面是围绕着人们在市民社会中的市场活动而生发出来的,其精神层面往往体现为人们对自由这一元价值的追求。

自由问题是古今中外的一个核心话题,几千年来人们在不同层面、从不同视角对它展开了多样探讨。之所以这一话题能够赢得人们的普遍关切,是因为自由是人们最为珍视的核心价值之一,也是人们开展各种社会实践活动的一个终极性追求,马克思对共产主义所作的"自由人联合体"的设想,其实为绝大多数人所共享。市民社会虽然也是一个古已有之的概念,但直至现代才获得现代性意涵。诚如黑格尔所言,市民社会是现代世界的产物,资本主义经济和文化的勃兴直接催生了现代意义上的市民社会的确立。非但如此,市民社会作为独立于政治国家的伦理实体,既是社会充分发挥理性的自主性,自行组织和管理自己的生产、生活的体现,也是作为社会主体的个人的自我意识成熟的体现,因而被视为社会发展水平高低的重要标识。从起源上讲,现代社会是西方资本主义文明主导下建构的新型社会形态,现代化开始和发展于西方,西式现代化相应也就成为后发国家开展现代化的样本。因此,很长一段时期内,是否构建起了西式的市民社会,是否在经济模式、社会结构和价值观念上尽可能地趋近西方,成为衡量一种文明是否随顺历史潮流、步入人类现代文明轨道的一个重要标尺。

然而,随着中国式现代化的深入推进,人们愈发清晰地认识到,西方现代化范式及其所构建的文明形态绝非人类现代化和现代文明形态的唯一版本。尤其是晚近以来,西方资本主义治理实践中出现的经济危机频发问题、逆全球化问题、难民问题以及主权危机问题……这些日益暴露出其现代化范式和文明形态在当前陷入了困局,这就促使人们开始对其作出批判性反思,为继续深入推进中国式现代化、构建人类文明新形态提供"前车之鉴"。科学地开展批判性反思,应当采取"扬弃"的态度观照现代西方文明。一方面,要洞察到现代资本主义文明内蕴的资本逻辑的宰制性、意识形态的虚假性等无法避免的缺陷,对其作出彻底否定,进而在构建中华民族现代文明新形态的进程中找寻规避类似"现代化陷阱"的路径;另一方面,要充分肯定并继承现代资本主义文明中的积极性要素,毕竟从直接来源上讲,现代性的资本主义文明开启并主导了现代社会基本结构的构建,它在形塑现代人的基本生活风貌方面具有不容抹杀的历史功绩。尤其是它在物质和精神(更确切地说是价值)两个向度方面对现代社会的塑造,对于今天我们继续推进构建人类文明新形态具有重要的借鉴意义和研究价值。在这方面,作为核心价值要素的自由和作为物质要素的市民社会之间的内在关联,就是一个重要的切入点。

诚如上述,发达的市民社会是现代文明的一个主要表征,它的形成、发展与成熟,并非一种自生自发的结果,而是在特定的思想观念和价值追求的牵引下才出现的。尤其是他们对自由的理解,可以说在观念层面上推动着市民社会的生成与发展。自由作为一种终极性价值,虽然对人们具有普遍的诱惑力,古往今来的思想家都致力于寻求一条通达自由的坦途,但在对自由的具体理解上,东西方有着截然不同的取向:西方注重通过现实社会结构和政治制度的设计来实现并保障自由,传统东方则更偏向于在精神上实现内在精神的超脱和自由。这就不难理解,何以现代资本主义在西方形成、发展和走向成熟,而东方则在近代被动地被纳入到资本主义发展的轨道之上。对于我国而言,一方面,晚清以降人们对现代化的求索,一开始均以西方为范本,经历了从器物到制度再到价值观念的现代化求索过程,积极地拥抱现代文明;另一方面,新中国成立后,经过一段时间的社会主义现代化建设,人们又产生了"守正"的文明自觉,即意识到在今天建构中华民族现代文明,有必要深入挖掘中华民族传统文化中的优秀思想资源,通过与新的时代处境有机结合的方式,激活其当代价值。唯其如此,才能较好地应对本土文明与外来文明相互激荡、碰撞所产生的冲突。改革开放以来的实践已然证明,要深入推进我国的社会主义现代化事业,有必要建构起发达的市民社会。而要做到这一点,就有必要了解自由这一现代性核心价值在市民社会的发展中究竟扮演着怎样的角色,以及二者之间到底是什么关系。

要把握到这对概念之间的关系,我们可以借助于黑格尔对现代社会的相关思考。众所周知,黑格尔的《法哲学原理》是他对现代世界如何在观念的牵引下逐渐兴起所作的抽象化和系统化的描绘。在该书中,黑格尔以自由概念为基点,把市民社会乃至现代社会秩序紧密关联起来。事实上,这种观点绝非黑格尔一人所独有,而是为启蒙时代的思想家们所共享的一种观念。在这些人看来,现代社会秩序的构建,必定建基于时人对自由的理解之上。正是由于启蒙时代人们将自由这一价值置于终极性追求的位置,企望在此岸世界中最大程度地追求自由的现实化,才会相应地催生出理性建构主义,设计出一套规则、制度,构建起现代社会的结构和秩序。反过来,现实的社会结构和秩序是对自由的客观表达,表征着人们对自由的理解。因而可以说,现代化的进程就是关于自由的这些理念不断普及并激励着人们在实践中努力追求的过程。黑格尔从自由的角度对现代社会的解读,无疑为我们理解现代社会的产生提供了一个可资借鉴的视角。

基于以上考量,本书即以黑格尔的《法哲学原理》为中心,探究自由和市民社会这两个对于现代文明的构建而言具有关键意义的核心概念之间的内在关系。一方面,追踪梳理了这两个概念自古希腊直迄黑格尔之前这段漫长的历史中的变迁历程,揭示出人们对自由的理解和追求直接牵引着人们的政治实践活动,不同时期的法律、道德和政治制度的产生,根本上都与彼时人们对自由的理解密切相关。尤其是近代以来,现代国家的政治制度和社会结构都可以被视为人们对自由追求的结果。同时,一种特定的政治制度和社会结构反过来又捍卫着人们已然获得的自由,并成为人们继续追求更高层次自由的基础。另一方面,通过详细剖析黑格尔所建构的自由谱系,阐释近现代以来,自由和市民社会如何逐渐获得其现代性意涵,以及二者之间的共生和相互促进关系。

为了实现上述目的,本书共分为五章逐次展开。

前两章分别探讨了前黑格尔时期的自由和市民社会这两个概念的演化历史。第一章,简略梳理了自由概念在西方思想史上的历史演进过程,分别考察古希腊、中世纪直至黑格尔之前思想家们关于自由概念的论述。尤其是近现代初期西方思想家的自由理论,呈现出理性主义和经验主义两种理解进路。虽然这两种理解进路的差别是显而易见的,但作为理性主义之巅峰代表的黑格尔,并未完全拒斥经验主义的自由理解进路,而是把洛克等人所论述的自由的私有财产权化作为现代人所获致客观自由的既定事实而接纳下来,糅合进自己的自由谱系之中,最终构建起一种内蕴经验要素的理性主义自由观。第二章,简略考察了前黑格尔时期市民社会概念的演化历史进程,主要考察了市民社会概念由内涵模糊、指称不明的阶段逐渐进渡到含义明确、获得相对于国家的独立性阶段的变迁过程。其中,重点阐述了苏格兰启蒙学派在市民社会概念获得其现代意义方面所作出的独创性贡献,尤其是论证了休谟、斯密和弗格森等人所持有的现代文明观直接决定了他们赋予市民社会相对于国家的独立性。虽然这一观念没有被黑格尔直接继承下来,甚至反过来遭到他的理论倒置,黑格尔认为国家对市民社会具有根本性决定作用,但他们极力突显的市民社会对于现代人和现代社会的重要作用面向,却被黑格尔所认可与接受,并对后来马克思关于市民社会与国家关系的理解,以及对现代性研究视角的政治经济学转向产生了积极影响。

第三章,详细阐释了黑格尔在《法哲学原理》中所建构的自由谱系以及由此所呈现出来的现代社会的规范结构。在黑格尔看来,自由、意志和自由意志这三个概念拥有共同的所指,"自由是意志的根本规定,正如重量是物体的根本规定一样"[①]。当我们言说自由时,指的必定是意志的自由,"因为自由的东西就是意志"[②]。意志不是纯粹抽象性的存在,它是"把自己转变为定在的那种思维,作为达到定在的冲动

---

[①] 黑格尔:《法哲学原理》,范扬、张企泰译,北京:商务印书馆,2013年,第11页。
[②] 黑格尔:《法哲学原理》,范扬、张企泰译,北京:商务印书馆,2013年,第12页。

的那种思维"①,它不会满足于自己的抽象性存在,有"达到定在的冲动",必定要"转变为定在"。因而,意志或曰自由就会努力自我现实化,其结果就是自由在现代社会中展现出的抽象法、道德和伦理三个环节。黑格尔运用逻辑推演的方法,以自由为基点,逐级推演出自由的这三种现实形态,其中,契约、所有权、不法、意图、善、恶、良心、家庭、市民社会和国家,是自由现实化过程中的不同体现。同时,它们也是现代社会的规范结构,对现代人的内在精神世界和外在的共同体生活进行事无巨细的规范与塑造。由此,黑格尔以极为抽象的概念和逻辑,构筑起逻辑严谨、体系庞大的自由的谱系。在此过程中,本章还剖析了黑格尔对他之前的理性主义和经验主义两种自由观的批判性吸收,并分析了黑格尔自由理论的不足之处。

第四章,在黑格尔自由谱系的整体视域中观照其市民社会理论。将市民社会视为自由之高阶实现形态,他的市民社会概念一方面建基于其自由理论之上,因而与其自由谱系自洽,另一方面又较多地吸收了英国古典自由主义尤其是苏格兰启蒙学派关于市民社会的研究成果。因而,他的市民社会理论绝非纯粹的思辨理性主义的结果,而是兼容了经验主义的要素,这体现了黑格尔对现代文明和现代社会的理解,充分地吸纳了启蒙时代的"时代精神",以及对资本主义发展成果的肯认。同时,黑格尔认为,以追求个人私利为驱动的市民社会必然内生出诸多问题,如贫困问题、不平等问题等,这些单靠市民社会的自我调节功能无法克服,只有借助于国家才能实现。这表明,一方面,黑格尔确实洞见到资本主义体系中的市民社会存在着自身无法克服的困境,另一方面,他未能深入到市民社会的政治经济学事实之中剖析

---

① 黑格尔:《法哲学原理》,范扬、张企泰译,北京:商务印书馆,2013年,第12页。

这种困境产生的根源,并找寻克服的最终方案,反而持有一种整全主义的观念,认为政治国家能够克服市民社会的局限,从而展现出其保守的一面。

第五章,引入马克思的视角,进一步深化对黑格尔关于自由和市民社会关系的认识。在简略梳理马克思的自由观发展历程的基础上,重点结合《黑格尔法哲学批判》这一文本,分析他如何从根本上翻转了黑格尔的"国家决定市民社会"命题,并提出只有超越国家的共产主义才能实现全人类的普遍而现实的自由。

结语部分,在现代文明观的视域中评述黑格尔法哲学所表达的观念,即人们对自由的现实化追求催生出现代秩序和现代文明,秩序对自由反过来既具有维系的积极作用,也存在限制个体自由的消极可能。黑格尔提出的实现最高自由的构想虽然具有些许乌托邦意味,但它终归诱引着人们不断向自己的美好理想进发。

# 第一章

## 前黑格尔时期自由概念演化史

  自由对于现代人的重要意义不言而喻。它作为一种价值理想,一种人类理想的生存状态,诱引人们在政治、经济、文化、宗教、艺术、科学等诸多领域孜孜以求,由此衍生出现代文明。在现代性话语中,思想家们对自由多有论述,其中一种极具影响力的论述是20世纪英国哲学家以赛亚·伯林(Isaiah Berlin)有关积极自由和消极自由的区分。根据伯林的界定,消极自由"就是'免于……'的自由,就是在虽变动不居但永远清晰可辨的那个疆界内不受干涉"[①],或者援引他阐释政治自由时的表述更为清晰明了:"就是一个人能够不被别人阻碍地行动的领域。"[②] 在他看来,这种不受外来干涉的行动,是一种最低限度的自由。相比较而言,积极自由是一种更高层次的自由,是"'去

---

  ① 以赛亚·伯林:《自由论》,胡传胜译,南京:译林出版社,2011年,第175页。

  ② 以赛亚·伯林:《自由论》,胡传胜译,南京:译林出版社,2011年,第170页。

## 第一章　前黑格尔时期自由概念演化史

做……'的自由"[1],它源自理性个体想要成为自己主人的愿望,意识到"我是能够领会我自己的目标与策略且能够实现它们的人"[2],并开展积极的现实化行动。简言之,积极自由就是"成为某人自己的主人的自由"[3]。伯林对两种自由的区分影响甚大,我们可以将其理解为人们通常意义上所理解的自由的两个面向:一是抽象层面的、作为一种理想形态的自由,是人们竭力想要达到的一种较少外在限制的生存状态;二是具体层面的、现实的自由,它既表现为自由权,是法律赋予人们的开展社会实践活动的权利,又表现为一种客观化了的形态,即私有财产。前一个面向古今皆然,标识了人类对自由理想的终极想象;后一个面向则是现代以来才被纳入思想家们严肃思考的行列,并伴随着现代化进程的向前推进而为人们普遍认识到并扩展开来。

总之,自由概念由来已久,但其当代内涵则是渐进生成的结果。可以说,西方2000多年的漫长历史,尤其是启蒙以降的现代化进程,就是西方人在自由价值理念的牵引下苦心追寻并将其现实化的过程,而市民社会正是这一现实化过程中出现的一个环节。虽然这一点被不少启蒙时代的哲学家所意识到,但确乎在黑格尔的《法哲学原理》中才获得最为明确且系统化的阐释。诚如世所公认的那样,黑格尔是西方哲学史的一位集大成者,这一判断对于其自由理论也同样有效。他的自由理论是充分吸收此前众多哲学家的自由观的产物,尤其是理性主义和经验主义两种关于自由的理解进路,都被他吸纳进来。因而,

---

[1] 以赛亚·伯林:《自由论》,胡传胜译,南京:译林出版社,2011年,第179页。
[2] 以赛亚·伯林:《自由论》,胡传胜译,南京:译林出版社,2011年,第180页。
[3] 以赛亚·伯林:《自由论》,胡传胜译,南京:译林出版社,2011年,第180页。

在正式开展对黑格尔的相关探究之前,有必要对作为其自由理论之思想来源的自由观作一历史追踪,而不是对自由的诸种类型进行历史性考察。毕竟现实中的自由总是在具体的历史情境中才展现出精彩纷呈的样态,任何对自由概念的类型学考察,都不足以揭示自由观念与现实历史情境的内在关联以及自由概念的具体演进动力何在。有基于此,本章将简略追溯古希腊、中世纪、近代直迄前黑格尔时期西方主要哲学家的自由观,主要是结合不同时期哲学家特定的历史情境和现实关切,重点围绕自由在英美自由主义传统和欧陆观念论传统中所展现出的两条截然不同的发展线索,勾画出前黑格尔时期自由概念的具体演化历程。

# 第一节
# 古希腊时期自由思想的萌发

在古希腊的神话时代,由于社会生产力发展水平低下,人类无法与自然相抗衡,处处受外在自然环境的钳制,生存处于极其不自由的状态。对"人各有命"的宿命论的服膺,是他们遵从自然必然性的现实表达,这一点在早期希腊神话中就得到了充分的体现。在古希腊人看来,一切有生命的存在,无论是人、英雄还是神,都必须服从命运的安排。然而,这种占主导的宿命论观念并没有获得普遍必然性,与之相伴生的,是一种承认偶然性存在的可能性,以及反抗命运的不服从观念。在古希腊人看来,即便一切都被宿命所决定,但人们并不愿意为必然性所束缚,沦为命运的奴隶,而是奋起抗争,追寻自由和解放的可能性。普罗米修斯受迫害时的铮铮傲骨,俄狄浦斯刺瞎自己的双眼以控诉命运的不公,以及其他类似的同命运相抗争的神话故事,都表达了古希腊人不屈从命运、勇于抗争的精神以及对自由的向往与追求。

及至自然主义哲学家时代,古希腊人思索的焦点仍然停留于外部世界之上,对世界万物本原的追溯也多止于可感的自然事物,如水、气、火等物质性存在。因而,古希腊早期哲学家基本上都是自然主义者,像德谟克利特那样抽象出原子作为万物的本源已是人类思维的巨大进步。即便如此,德谟克利特身上仍旧保留了神话时代人们的思维局限。例如,他认为,人是由原子构成的存在,其力量弱小,能力有限,不足以凭借一己之力来面对大自然,因而公然宣称"一切都由必然性而产生"①。这种观点其实是神话时代宿命论的延续,它将必然性完全绝对化了,甚至从本体论层面彻底否定了自由的存在可能性。此外,由于彼时人们生产力水平仍旧极为低下,在与自然界打交道的过程中,人类总能感受到自身的渺小,出于保全生命的第一需要,人们不得不联合群体的力量与自然相抗衡。在这种状况下,共同体意识而非个体意识主导着人们的一切实践活动,因而,人们会自觉地将共同体利益置于最为显要的位置,将社会自由视为远远高于个人自由。在古希腊,这是一种司空见惯的观念,在《柏拉图对话集》和亚里士多德的《政治学》《尼各马可伦理学》中,均能窥见他们对共同体价值和社会自由的高度推崇。

到古希腊三杰时期,对共同体的重视程度有增无减。苏格拉底以"认识你自己"实现了哲学由本体论向伦理学的转向,将哲学由天上拉回人间,哲学开始以人自身作为关切的中心,人本主义成为哲学的中心主题,自由成为城邦政治生活中的一种伦理追求。伯里克利所言的

---

① 北京大学哲学系外国哲学史教研室编译:《古希腊罗马哲学》,北京:商务印书馆,1982年,第97页。

## 自由与市民社会的关系研究
### ——以黑格尔《法哲学原理》为中心

"要自由,才能有幸福;要勇敢,才能有自由"①,是雅典人所共有的信念。顺应当时雅典城邦民主制的政治实践,苏格拉底鼓励城邦公民积极参与城邦公共事务,通过投票、演讲等方式来实现自己的政治自由。当然,这种自由的实质是共同体的自由而非个体自由,作为城邦公民,人们对公共事务的关切远超于个人事务,甚至认为"一个不关心政治的人,我们不说他是一个注意自己事务的人,而说他根本没有事务"②。人们积极参与城邦政治生活的目的不是争取个人利益,而是为实现共同体的利益和每个人的利益。这就是贡斯当所谓的"古代人的自由"。虽然如此,苏格拉底引导人们回返自身的哲学教导及实践,却开显出人们追求自身理性能力和道德本性的新路径,进而唤醒了人的自我意识及其自由,诚如黑格尔所言:"无限的主观性,自我意识的自由,在苏格拉底的学说中生长出来了。"③

早期的柏拉图承续他的老师苏格拉底的思维取向,仍然从共同体的视角谈论作为共同体成员的公民的政治自由,并且,自由也并未成为其该时期开展哲学探究的核心线索。然而,晚期的柏拉图逐渐认识到自由在构建社会秩序中的重要作用。他在《法律篇》中指出:"波斯和雅典的不同教训说明立法者心中要记住三件事:(1)自由;(2)智慧和善;(3)和谐统一。这就是我们制定法律的目的和所依据的准则。"④这表明晚年的柏拉图把自由视为制定法律进而构建良序社会

---

① 修昔底德:《伯罗奔尼撒战争史》(上册),谢德风译,北京:商务印书馆,1985年,第135页。
② 修昔底德:《伯罗奔尼撒战争史》(上册),谢德风译,北京:商务印书馆,1985年,第132页。
③ 黑格尔:《哲学史讲演录》第2卷,贺麟、王太庆等译,上海:上海人民出版社,2013年,第40页。
④ 陈村富、庞学铨、王晓朝等编:《古希腊名著精要》,杭州:浙江人民出版社,1989年,第128页。

的核心原则和目的之一。同时,他还朦胧地意识到自由的层次性和有限性,认为"有限制的自由比无限制的自由更好"[①],"不顾一切过分追求自由的结果,破坏了民主社会的基础,导致了极权政治的需要"[②]。这里所谓"无限制的自由"与"有限制的自由",其实就是黑格尔在《法哲学原理》中分别论述的抽象的自由(或曰任性)和具体自由,而一味追求抽象的自由,必定会导致极权的政治悲剧。当然,柏拉图在此对自由与民主关系的体认,主要是因为古代的直接民主制发展到柏拉图那个时代时,已呈现渐趋衰落之势,其弊端逐渐暴露出来,而他的老师苏格拉底经由民主的程序被判饮鸩而亡的结局,更是古希腊民主制下引发的思想史悲剧。

相比较而言,亚里士多德更重视自由,这主要表现为他把自由视为人的灵魂的一个重要组成部分和人应当推崇的理想的生活状态。但是,从概念内涵的发展角度看,他对自由的理解并未作出实质性推进。一方面,和他的前辈一样,亚里士多德认为人本质上是政治性动物,城邦的公共善要优先于公民个人的利益,自由只存在于城邦这一公共领域而非家庭的私人领域之中,城邦中的政治自由才是人们应当追求的;另一方面,他对法律与自由关系的认识,与晚期柏拉图完全相同,认为"公民们都应遵守一邦所定的生活规则,让各人的行为有所约束,法律不应该被看做[和自由相对的]奴役,法律毋宁是拯救"[③]。也就是说,和柏拉图一样,亚里士多德也在规范性的视域中,把自由与法

---

① 陈村富、庞学铨、王晓朝等编:《古希腊名著精要》,杭州:浙江人民出版社,1989年,第128页。
② 柏拉图:《理想国》,郭斌和、张竹明译,北京:商务印书馆,1986年,第340页。
③ 亚里士多德:《政治学》,吴寿彭译,北京:商务印书馆,2017年,第281~282页。

律和社会秩序的构建内在地联系起来。

综上可知,在古希腊时期,人类的自我意识仍处于觉醒的初期,人们对于共同体的意识要远远高于对于个体自我的意识,这就导致了他们对个体自由的意识自觉和现实追求,远不如现代人那么强烈。当然,所谓社会存在决定社会意识,诚如以上我们所分析的,这种个体自由意识的阙如,是自然和人类社会内外两方面因素综合作用的结果。尽管彼时古希腊人的自由观表现出鲜明的萌芽特征,但他们已经初步发展出有关抽象自由和具体自由的朦胧区分,并且,既将自由视为一种理想的人类生存状态,又将自由与法律同社会秩序关联起来,这些方面恰恰是后人在自由现实化过程中具体展开的实践线索。

## 第二节
## 希腊化及中世纪时期的自由观念

在希腊化时期,马其顿王国征服的铁蹄,搅乱了古希腊旧有的邦国间相对均势而谐和的关系,纷繁的战争致使人们很难再像他们的先辈那样,拥有到广场上演说或到元老院投票参与公共政治生活的自得,取而代之的是上阵杀敌抑或回返自身,关注自己内心世界的充盈。"形而上学隐退到幕后去了,个人的伦理现在变成了具有头等意义的东西。"[①] 其结果是社会对个人不再具有毋庸置疑的绝对优先性地位,个人主义倾向成为那个时代诸多思潮的共有特点,例如,犬儒主义、怀疑主义、伊

---

① 罗素:《西方哲学史》(上卷),何兆武、李约瑟译,北京:商务印书馆,1963年,第291页。

壁鸠鲁主义和斯多亚学派等。其中，伊壁鸠鲁通过继承和阐发德谟克利特的原子论学说，不仅表达了强烈的个人主义倾向，而且展现出社会契约思想的初步设想。在自由思想方面，他通过对原子偏离直线运动所蕴含的偶然性的诠释，从本体论的角度提出了意志自由的观念。斯多亚学派将自由人理解为具有精神上独立行动能力的人，并且，唯有哲人才具有这种能力。这种对自由主体的理解，全然不同于亚里士多德从物质富足、时间闲暇和法律认可的角度对"自由人"所作的定义。怀疑派则通过对外在世界确定性的质疑，为个体意识争取到了内在的自由。总之，希腊化时期思想家们从个体主义、偶然性和内在性角度对自由所作的思考，为自由的内涵增加了新的内容，在不同程度上为现代人注重个体自由的现代自由观奠定了基础。

中世纪时，神学成为主宰一切领域的意识形态，人们对自由的理解也是在宗教信仰的语境之中展开的。对于基督教神学家而言，自由乃是一种精神性而非现实性的追求。一方面，神学家们认可人是拥有自由意志的；另一方面，他们又认为人唯有通过上帝的恩典和救赎，才能最终达致自由状态。这实质上是把自由视为被动接受性的东西，是上帝赐予人自由，单凭个人的自主性追寻行动无法企及。在基督教教父哲学家奥古斯丁那里，这两个面向都已经获得了呈现。奥古斯丁认为，人的自由意志是与生俱来的，但由于人是上帝的造物，自由意志的终极性来源是上帝，自由意志是人被动地接受上帝恩典的结果。早期的奥古斯丁深受柏拉图主义的影响，认为自由意志是人求善活动的出发点。后期的奥古斯丁基于自身追求至善而不得的生存体验，又认为虽然追求至善是人根本性的生存活动，但由于善知识的缺乏，人们不可能完全凭靠自由意志追求到善，恰恰相反，人的求善行动往往导向恶。唯有在上帝的恩典和救赎中，人们才能认识并达致善和真理。基于此，他不认为自由意志在人的求善活动中能够起到积极作用，而是

# 自由与市民社会的关系研究
## ——以黑格尔《法哲学原理》为中心

认为它只能将人导向罪恶,无法实现灵魂的救赎。如此一来,在奥古斯丁那里,自由意志非但没有赋予人在俗世生活中的积极主动性,反而成为人性中的一个消极性要素,是人的一种负累,有似于柏拉图那里的欲望,意志的自由仿佛等同于人对欲望的恣意追求,属于人应当竭力抑制的对象。尽管如此,奥古斯丁对自由意志的消极性面向所作的片面阐释,蕴含着一个难以达到自洽的理论悖谬:既然意志自由是被动地接受上帝恩典的结果,那么如何理解人的意志为恶的自主性?人的恶性是否应当归于上帝本身?

为什么奥古斯丁会如此煞费苦心地贬抑自由意志?哪怕是牺牲自己理论的自洽性也要非如此不可?如果我们注意到中世纪基督教神学崇尚禁欲主义的大背景,那么我们就能够体谅奥古斯丁的良苦用心。毕竟在追求灵魂救赎这件事上,通过克制内在的欲望、诉诸外在的上帝权威的拯救,比单凭人这一有限性存在的自我救赎,更加理性。因此,在基督教的语境中,人们选择将宗教戒律作为普遍性规范予以遵循,相应地也就牺牲了个体在现世中的自由。

虽然以奥古斯丁为代表的教父哲学家为基督教确立起一种抑制个体自由之张扬的传统,但它并未彻底消除人们追求自由的崇高理想。事实上,恰恰是人们内在的向往自由的本性,在中世纪中后期先后引发了欧洲的文艺复兴运动、宗教改革运动和启蒙运动。如果说文艺复兴和启蒙运动是在基督教外部所进行的世俗化,从而开启了西方现代性征程的话,那么宗教改革则是在基督教内部开展的一种某种意义上可以说是自我革命的运动。这是因为它对传统基督教的正统教义作出反叛,并赋予理性个体以宗教上更多权利、更为平等的地位,因为理性个体可以绕开教会,借由自己对《圣经》的理解,实现对上帝和真理的体认,最终达到彼岸的天国,实现个体的救赎。这在基督教发展史上无疑具有革命性地位。这种革命性的核心即在于其所赋予的

## 第一章 前黑格尔时期自由概念演化史

个体信仰权利被拔高了，承认每一个体在宗教信仰领域的价值，每一个体均具有平等地发挥自己的自由意志去解读《圣经》的权利，而不再任由教会的绝对权力所支配。对个体价值的肯定，对个体的自由和平等意识的张扬，是宗教改革的核心精神。

作为宗教改革运动发起者的马丁·路德的思想建构，是这种改革精神的绝佳呈现。他基于平等的理性个体的观念，重新诠释了基督教的"因信称义"说。他说："因信基督……基督的义就变成我们的义，并且他所拥有的一切都变成我们的，因为他本身已变成我们的。"[①]也就是说，信心对于成为一个义人、获得救赎而言至关重要，它将基督徒与基督直接关联起来，无需教会这一中介。由此，人可以直面上帝，个体亦摆脱了教会对人精神生活的支配权力，获得了内在的精神自由。而在世俗生活中，基督徒同样拥有绝对的精神自由。这是因为基督徒的灵魂只能由上帝来统治和引导："没有人应该或能够指挥灵魂，除非他能够给灵魂指出进天国的道路，但除上帝以外，这是没有人能够做到的。"[②]世俗权力不具有教导和统治基督徒灵魂的合法性。对于基督徒来说，每个人都对自己的信仰负责："别人不能代替我相信或不相信，正如他不能代替我下地狱或上天堂一般。"[③]也就是说，基督徒的灵魂和信仰完全与世俗权力无关，因而，对于世俗权力的统治而言，基督徒可以选择外表上服从但内心不认同的方式，从而保持精神上的绝对自由。经由路德的上述思想革命，个体不仅获得了精神上的绝对自

---

[①] 奥尔森：《基督教神学思想史》，吴瑞诚、徐成德译，北京：北京大学出版社，2003年，第422页。

[②] 马丁·路德：《路德选集》，徐庆誉、汤清等译，北京：宗教文化出版社，2010年，第309页。

[③] 马丁·路德：《路德选集》，徐庆誉、汤清等译，北京：宗教文化出版社，2010年，第309页。

由,而且拥有了追求自由的自主性。这种全新的观念借助宗教改革运动的推动,一路高歌猛进,在欧洲得到了广泛传播,使得精神自由观念和主体性意识逐渐深入人心。

总之,中世纪时期神权占据统治地位,思想界的精英们几乎都是至为虔诚的基督教信徒,他们的理论运思均是围绕对上帝的存在及其神圣性的论证而展开的。他们关于自由的探讨同样是在这一大背景下展开的,这使得人们对自由的理解只是停留在信仰层面,在现实生活中,人们的情感和欲望几乎完全被禁锢起来,难有人的主体性的发现,更奢谈自由的实现。以奥古斯丁为代表的神学家们对自由意志所作的探讨,虽然导致了人们的意志自由遭受禁锢的消极后果,但毕竟还是将意志自由的问题从本体论层面彰显出来,将它与人的道德实践紧密关联在一起,并深植于人们的头脑中。中世纪晚期以路德为代表的宗教改革家们,通过引入理性个体的主体性、自主性,将自由意志导向一种积极性后果,最终赋予人首先在精神上的自由。这就在信仰层面为近现代早期人的主体意识的确立、欲望的解放以及自由的更深层次追求,作出了理论上的准备。

# 第三节
# 理性主义和经验主义的自由理论

近代以来,文艺复兴和宗教改革运动吹散了笼罩在欧洲上空的神学阴霾,哲学家们对自由问题的关注程度日益提升,并且关注的视角也发生了改变。他们不再从宗教信仰的角度来观照自由,而是从作为主体的人的视角、从人现世的生活出发来思考自由问题。笛卡尔和培根分别开创了理性主义和经验主义两种风格迥异的哲学研究理路,并且这两种研究理路分别在欧洲大陆和不列颠岛上得到传播。近现代西方的哲学家们运用这两种研究理路思考自由问题,由此产生了理性主义和经验主义两种截然有别的自由观。

## 一、理性主义自由观

在欧陆流行的理性主义哲学的主要特征是强调人的理性维度,认为理性在人们的认识和实践活动中具有主导性地位,应该用理性的眼光透过纷繁复杂的外部现象深入到事物内在的本质,达到对客体的真知,在此基础上开展生存实践活动。理性主义自由观以这种推崇理性主导作用的理性主义哲学为基础,突出强调理性人的自主性和普遍性,并集中于人的内在的自我意识来思考自由问题,较少引入社会现实的视角。从笛卡尔、斯宾诺莎、莱布尼茨到德国古典哲学家,几乎都遵循这一自由理解理路。

### (一)笛卡尔的自由概念

路德的精神自由思想历经一个世纪,最终在笛卡尔那里通过"我思故我在"这一命题,提升到了新的层次。笛卡尔采取了一种彻底怀疑的逆推方法,无论是客观事物还是上帝,他认为一切事物都是可被怀疑的。唯有作为认识活动之主体的"我思",亦即人的自我意识是确定无疑的,它才是人类知识大厦的最终基点,一切外在事物和观念,包括上帝,作为知识的对象,都以"我思"为前提。由此,笛卡尔赋予自我意识以人类知识的根基性地位,消解了上帝的权威,确立起理性权威的唯一性,奠定了主体理性在近代以来哲学理性主义传统中的根本性

## 自由与市民社会的关系研究
—— 以黑格尔《法哲学原理》为中心

地位,最终开启了近代哲学的世俗化转向。①

既然"我思"才是一切认识和理解活动的出发点,无需其他凭借,那么它就具有毋庸置疑的自足性和自主性,因而必定是自由的。基于这种以"我思"为基点的知识论,笛卡尔表达了他有关意志自由的思想。他说:"意志是自愿地、自由地(因为这是它的本质)然而却是必然地向着它所认识的善前进的。"②这一方面表达了意志自由的先天性,另一方面表达了与奥古斯丁截然相反的观点:意志自由只会导向善而不是恶,是人选择和实现善的一种能力。"没有一个人在看看他自己以后,不感觉到并且体验到意志和自由不过是一回事,虽然不如说,在自愿的东西和自由的东西之间并没有不同。"③这表明在笛卡尔看来,自由即意志,二者本质上是同一个东西。这一观点被此后包括黑格尔在内的大多数理性主义哲学家直接继承下来。

笛卡尔将自由视为意志的根本特征,意志不受任何外力的约束因而是自由的。他说:意志"仅仅在于我们对同一件事能做或不能做(也就是说,肯定它或否定它,追从它或逃避它),或者不如说,它仅仅在于为了确认或否认、追从或逃避理智向我们提供的东西,我们做得就好

---

① 然而,笛卡尔那里作为思维的主体的"我",究竟是作为单一"小我"的个体,还是普遍意义上的"大我"?学界对此莫衷一是。无论怎样,他对主体理性的高扬直接影响了后来哲学家们的思维路向。当然,笛卡尔的这种知识论进路从根本上决定了他理论上的局限,即被他消解掉权威的上帝只是知识论意义上的,与宗教意义上的上帝无涉,因而全然不同于路德的上帝概念。但是,这恰恰为近代哲学的世俗化进程作出了铺垫。
② 笛卡尔:《第一哲学沉思集》,庞景仁译,北京:商务印书馆,1986年,第 166 页。
③ 笛卡尔:《第一哲学沉思集》,庞景仁译,北京:商务印书馆,1986年,第 193 页。

象并不感觉到有什么外在的力量驱使我们似的"①。这里所谓"能做或不能做""肯定它或否定它""追从它或逃避它",就是指意志是人的主动选择的能力、判断的能力和执行这种选择的行动能力,就是指意志的自由本性,人可以依凭自身的意志而任意行事,不受任何"外在的力量驱使"。在《第一哲学沉思集》中,笛卡尔更是明确地区分了两种自由意志:一是无所谓的自由态度,即意志对一切都抱持无所谓的态度,无论对象好坏、善恶,它都可以自由地选择为善或为恶。这是从消极意义上对自由意志所作的规定,是意志最基本的自由面向。二是从积极意义上理解的自由,这种自由有似于上帝意志选择善的事物一样,人的意志在理性的引导下只选择正确的事物,是一种精神性、主动性的自由。基于这种区分,笛卡尔将意志视为人进行选择、判断和行动的真正实施者,正是由于它的存在,人们才能够或积极或消极地面对不同的境遇,并作出不同的选择和行动。需要指明的是,晚年的笛卡尔将意志看得较为重要,认为意志具有比理智更大的主动性和积极性,但是,倘若意志想要趋向道德,则必须有理智的帮助。笛卡尔对自由意志的理解,对此后的理性主义哲学家和经验主义哲学家均产生了重大影响。

## (二)斯宾诺莎的自由概念

对于自由的理解,斯宾诺莎与笛卡尔共享了很多相似点。其中最明显的相似之处在于,斯宾诺莎同样持有一种理性主义的自由观,将自由与理性紧密关联起来,认为自由是理性人所必备的一个特质。他说:"只要能够正确运用理性,思想便完全处于自己的权利之下,或得

---

① 笛卡尔:《第一哲学沉思集》,庞景仁译,北京:商务印书馆,1986年,第60页。

到完全的自由。……只要是在理性指导下生活的人,我便称他为完全自由的人,因为,在那种情况下,他的行动完全取决于可以单独从他自己的本性加以理解的诸种原因,而且这些原因必然决定他采取行动。"①也就是说,人能够在理性的指导下自行选择和行动,这就意味着人拥有完全的自由。由此可见,斯宾诺莎和笛卡尔一样,基于每个人所具有的理性,赋予人以拥有自由的权利。并且,自由是一种应予肯定的积极性价值,是人应当积极地予以实现的价值。在《神学政治论》中,他直言道:"自由比任何事物都为珍贵。我有鉴于此,欲证明容纳自由,不但于社会的治安没有妨害,而且,若无此自由,则敬神之心无由而兴,社会治安也不巩固。"②这不仅直接将自由置于人所追求的最高价值的地位,而且确认了自由具有稳定社会秩序的积极效用。相较于笛卡尔而言,这可算是斯宾诺莎自由观的一个重要推进。

斯宾诺莎自由观的最显著特征是他用必然性来规定自由,他关于自由的论述,首推"自由就是对必然性的认识"这一命题,我们今天耳熟能详的所谓"自由是对必然的认识和对世界的改造",即首先见于斯宾诺莎。在《伦理学》中,斯宾诺莎对自由与必然两个概念作出明确界定。他说:"凡是仅仅由自身本性的必然性而存在、其行为仅仅由它自身决定的东西叫做自由(libera)。反之,凡一物的存在及其行为均按一定的方式为他物所决定,便叫做必然(necessaria)或受制(coata)。"③依照斯宾诺莎的神学观,前者特指神或实体,唯有神或实

---

① 斯宾诺莎:《政治论》,冯炳昆译,北京:商务印书馆,1999年,第16页。
② 斯宾诺莎:《神学政治论》,温锡增译,北京:商务印书馆,1996年,第12页。
③ 斯宾诺莎:《伦理学》,贺麟译,北京:商务印书馆,1997年,第4页。

体才是自由的;后者指个别事物,受铁一般的必然性的约束。这似乎表明,在斯宾诺莎看来,自由与必然之间横亘着一条不可逾越的鸿沟。

然而,事实上,斯宾诺莎认为自由与必然之间非但不是完全对立的关系,反而是紧密相关的,这主要与其对必然的理解有关。他区分了两种必然:一是内在的或自由的必然,二是外在的或强制的必然。内在的必然指的是"出于事物自身内在本性的必然",而如上斯宾诺莎对自由所作的定义,"凡是仅仅由自身本性的必然性而存在、其行为仅由它自身决定的东西"就是自由,因而,自由并非与必然对立,而是一种内在的必然。如此一来,神的自由相应就可以解释为神"依神的无限本性的法则而运行"[①],是出自它自身本性的必然性。至于人的自由方面,依照他的泛神论,神内在于有限样态(包括人)之中,是人拥有自由的根据。人的行动要么由某个外在因素所决定,要么由某个内在因素所决定。如果人的行动出于其内在本性,那么其行动便是遵从内在的必然性,是自由的;如果人的行动出于某个外在的原因,那么这一行动所具有的必然性则是外在的必然性,是不自由的。就此而言,我们可以说,在斯宾诺莎那里,人的自由是发自人的内在本性的一种现实的必然活动,是一种"自由的必然"。

依据斯宾诺莎对自由的这一理解,人类获得自由的路径就不再是一般所认为的摆脱自己行为的必然性和因果性,而是从外在的或强制的必然性转变为内在的或自由的必然性,将自己行为的外在因果规定性转变为内在因果规定性,使自己的实践活动从外在因果的强制性中解放出来,成为自己自觉自愿的行为。并且,他认为唯有通过意识的提升以及理性的引导才能实现这种转变。这就是斯宾诺莎的理性主义自由观。

---

① 斯宾诺莎:《伦理学》,贺麟译,北京:商务印书馆,1997年,第18页。

### (三)莱布尼茨的自由理论

自由问题同样是莱布尼茨哲学中一个至为重要的问题,他接续斯宾诺莎关于自由与必然的关系的阐述,指出当时人们的理性常常陷入两个著名的迷宫,其中之一就是关于自由和必然的大问题,它是最令人费解的理论迷宫之一。这是一个困惑着几乎整个人类的重大问题,直接关涉着人类存在的意义和终极的价值追求。可以说,莱布尼茨的整个社会思想和政治思想,都是围绕着"自由与必然"这一中心问题而展开的。

相较于斯宾诺莎关于两种必然性的区分,莱布尼茨区分了三种必然性,即"形而上学的或几何学的必然性"(亦即一种绝对的必然性)、"假设的必然性"和"道德的必然性"。[①] 所谓绝对的必然性,指的是"其对立面蕴涵着矛盾"的必然性,亦即遵循矛盾律和同一律的必然性;所谓假设的必然性,指的是关涉事实真理或曰偶然真理,以及"未来的偶然事物",因而与预见密切关联的一种必然性;所谓道德的必然性,指的是遵循充足理由律,关涉当下现存事物的必然性,它与道德主体及其现实抉择活动相关。道德的必然性虽然关涉的是现存事物,但是一种面向未来之诸多可能性的开放性姿态的存在,它以意志的自由活动作为其本质规定,自行筹划、选择和实现。依照以上界定,莱布尼茨所谓的道德的必然性并非通常意义上的必然,而是一种面向未来诸种可能的倾向性和一般意义上的偶然性。然而,恰恰是因为这种偶然性,作为认识主体和道德主体的人才拥有了面对诸种可能性进行选择的自由。当然,这种自由不是一种任意而为,而是受欲望支配追求自

---

① 罗素:《罗素文集》第 1 卷,段德智、张传有、陈家琪译,北京:商务印书馆,2012 年,第 109 页。

己认为是善的行为。在他看来,真正属人的自由必须具备两个要素:自发性或自由选择,以及理智。他说:"自由是自发性加上理智。"①也就是说,自由是在理性的指导下对欲望的一种满足性活动。这是莱布尼茨对自由所作的明确定义。

莱布尼茨的自由思想奠基于其"单子论"基础之上。根据其单子论,人的心灵与其他一切单子相同,完全独立地按照自己固有的内在原则而运动,因而,每个人的心灵都是独立的、自主自决的,除上帝以外,不受其他外在事物和规律的制约。就此而言,对所有人而言,自由根本不是问题,问题是达到何种程度上的自由,亦即如何实现更高程度上的自由。他认为"有法权上的自由和事实上的自由"②,这种对自由所作的类型学区分,事实上是他对自由的实现程度所作的区分,并在此基础上探讨了自由的实现途径。

首先,在论及"法权上的自由"时,莱布尼茨说:"照法权上的自由来说,一个奴隶是毫无自由的,一个臣民也是不完全自由的,但一个穷人则是和一个富人一样自由的。"③这表明和斯宾诺莎一样,莱布尼茨没有完全在抽象意义上谈论自由,而是注意到自由的社会性,人们所处的社会制度对自由的实现程度具有重要影响。其次,关于"事实上的自由",他认为:"事实上的自由或者在于如一个人所应当的那样去意愿的能力,或者在于做一个人想做的事的能力。"④这种自由因为自

---

① 罗素:《罗素文集》第 1 卷,段德智、张传有、陈家琪译,北京:商务印书馆,2012 年,第 266 页。

② 莱布尼茨:《人类理智新论》,陈修斋译,北京:商务印书馆,1982 年,第 162 页。

③ 莱布尼茨:《人类理智新论》,陈修斋译,北京:商务印书馆,1982 年,第 162 页。

④ 莱布尼茨:《人类理智新论》,陈修斋译,北京:商务印书馆,1982 年,第 162 页。

由主体的差异而呈现出程度和类型上的多样性。由此可见,莱布尼茨对自由的个体性也有一定的认识。他对自由的社会性和个体性两方面的指认,为人们实现更高层次的自由指明了方向:第一,自由的社会性要求人们不断地完善他们所处社会的整体社会制度;第二,自由的个体性要求人们要不断地完善自己的理智能力和道德实践能力。莱布尼茨对自由的这两方面的阐释推进了人们对自由概念的进一步理解。

此外,如果我们将莱布尼茨的自由观与斯宾诺莎的自由观作一对比,就可见出莱布尼茨自由观的进步意义所在。斯宾诺莎在必然的意义上理解自由,将自由看作是对必然的认识,否定偶然性的存在,认为自然中不存在任何偶然的东西,从而将必然绝对化。这极易被人误解为是一种否定自由的宿命论:顺应必然性既可以理解为自由,也可理解为一种被决定的不自由,这就有自相矛盾之嫌。与之相比,莱布尼茨承认偶然性的存在,并且正因偶然性的存在,自由才成为可能——这让我们不禁想起伊壁鸠鲁的原子偏离直线运动的偶然性对自由意志的肯定——从而为人的自由留下余地。他认可必然性的存在,将必然性明确区分为三类,认为一方面自由受必然性的制约,另一方面这种制约不是来源于他物,而是来源于自身的理智和意志。由此,他在避免斯宾诺莎自由理论可能产生的误解的同时,为人的自由之可能性开显出了一条现实的实现道路,为人的主观能动性预留了发挥的空间。

### (四)康德的自由观

众所周知,康德哲学是典型的理性主义哲学,他把理性明确区分为理论理性和实践理性,并以理性为基础性概念构筑起批判哲学的体系。他关于自由的理论,也是从理性的视角出发来看待的,带有鲜明的理性主义特征。

依照康德的理论,自由是无法定义的,因为但凡定义都是对某一

## 第一章 前黑格尔时期自由概念演化史

事物之本质的认识,而在《纯粹理性批判》中,康德在对人的理性认识能力进行界定时已经表明,纯粹理性存在四个二律背反,其中第三个就涉及自由问题,即"人有自由;以及相反地:没有任何自由,在人那里,一切都是自然的必然性",并且,"正是这个二律背反,把我从独断论的迷梦中唤醒,使我转到对理性本身的批判上来,以便消除理性似乎与它自身矛盾这种怪事"。① 由此足见自由问题在康德哲学思想发展历程中的重要性。② 自由的二律背反问题表明人的认识能力的有限性,我们不能对人是否拥有自由加以证实,但也不能加以证伪,这就为人的自由保有可能。基于这一二律背反的存在,康德从理论理性的角度出发设定了"自由的先验理念"亦即先验的自由。因此,自由成为由纯粹理性批判向实践理性批判过渡的一个中介性概念,是连接两大批判之间的拱顶石。

在康德看来,在认识领域无法给出证明的自由概念,在实践领域中却是自明的,自由的实在性不是认识的实在性,而是实践的实在性。他将道德律视为一个"理性的事实",并在此基础上构建起自由的现实性③,指出道德律使人们认识到自己在实践中是自由的,并且,"自由固然是道德律的 ratio essendi[存在理由],但道德律却是自由的 ratio cognoscendi[认识理由]。因为如果不是道德律在我们的理性中早就

---

① 李秋零编译:《康德书信百封》,上海:上海人民出版社,1992 年,第 244 页。

② 邓晓芒甚至认为:"自由和必然的关系问题是康德考虑一切哲学问题所围绕的核心。"参见邓晓芒:《康德自由概念的三个层次》,《复旦学报》2004 年第 2 期。

③ 需要指明的是,在《实践理性批判》中,康德对自由的客观实在性通过道德律这一"理性的事实"来给出。而到了《判断力批判》时,康德则转而认为自由本身就具有毋庸置疑的客观实在性。参见康德:《判断力批判》,邓晓芒译,北京:人民出版社,2002 年,第 327～328 页。

被清楚地想到了,则我们是决不会认为自己有理由去假定有像自由这样一种东西的(尽管它也并不自相矛盾)。但假如没有自由,则道德律也就根本不会在我们心中被找到了"①。如此一来,自由的客观实在性经由道德律的客观实在性的中介而得到保证,自由也由《纯粹理性批判》中设想的"先验的自由"演变为《实践理性批判》中的"实践的自由"亦即自由意志了。

在《实践理性批判》中,康德将意志规定为自己实现对象的能力(其后的黑格尔同样如此来理解意志)。对于自由,他从自主性和普遍性两个方面来加以规定,认为自由不仅仅是主体摆脱感性束缚从而实现自身的独立自主——这是消极意义上的自由——还在于主体自己为自己立法,即"要这样行动,使得你的意志的准则任何时候都能同时被看作一个普遍立法的原则"②。这就是作为先天普遍规律的道德律,它是出于意志的自律,也是积极意义上的自由。关于自由的消极与积极之分,广为人知的是20世纪英国著名哲学家以赛亚·伯林在《自由论》中的界定,在他看来,消极自由才是现代人所追求的自由,虽然它是"消极的",但更具积极性意义。

事实上,早于伯林一个世纪的康德就已经区分出了这两种自由。国内学界明确指认出这一关系的,最早的当数俞吾金,在为郁建兴的《自由主义批判与自由理论的重建》一书所写的序言中即已明确指出。之后邓晓芒也对此加以确认并作出扼要说明,指出康德的自由观倾向于消极自由,但他所谓消极的自由与英国经验主义者如伯林的消极自由又具有层次上的差别,二者只在"不受束缚"这一点上存在交集。然

---

① 康德:《实践理性批判》,邓晓芒译,北京:人民出版社,2003年,第2页。
② 康德:《实践理性批判》,邓晓芒译,北京:人民出版社,2003年,第39页。

而，根本上讲，康德所讲的自由是超验意义上的自由，即便是当他谈及政治自由时，也不同于英美政治哲学和伦理学所言说的自由。邓晓芒认为，在康德看来，"如果不从人们现实社会政治生活的经验关系中反思到它们背后的超验自由及其纯粹道德的根基，那么这些关系仍然只不过是一些为人处世的熟巧，即'技术上实践的规则'，本身并不会具有道德价值的涵义（如公平、正义等等）"①。这种超验性正是英美政治哲学和伦理学的自由观所欠缺的。然而，由于康德将感性世界和超感性世界截然分开，感性世界的人们有追求幸福的能力，但不能导向德性。而作为道德主体的人们却不能在现世达致幸福，这就导致了道德与幸福不能合一，至善难以实现。为解决这一问题，康德提出了"上帝存有"和"灵魂不朽"两个悬设，以保障至善和道德主体的自由能够在超感性的世界中得到实现。

以上我们讨论了康德在前两大批判中对自由的区分，即先验的自由和实践的自由。而在《判断力批判》中，康德还探讨了第三种自由——自由感。② 这类自由以主体自身的情感活动为着眼点，它首先见于人们的审美判断力之中，表现为一种由"无目的的合目的性"生发出来的愉悦感受。然后进一步扩展到自然目的论以及社会历史与政治领域，以公民自由权的形式表现出来，这两者分别从内部经验和外部经验两方面将自由于现实之中向人们呈现出来。这种自由感或自由权只能通过反思判断力达到，而不能从规定判断力中求得。

晚年的康德对自由的理解与现实关联较为密切，表现出自由观在一定程度上的现实转向。在《道德形而上学原理》《权利论》《世界公民观点之下的普遍历史观念》《永久和平论》《人类历史起源臆测》《重提

---

① 参见邓晓芒：《康德和黑格尔的自由观比较》，《社会科学战线》2005年第3期。

② 依照邓晓芒的说法，这种自由在以往的国内外学术界为人所忽视。

这个问题:人类是在不断朝着改善前进吗?《论俗语》等后期的诸多著作和论文中,康德对言论自由、财产权、立法自由等公民自由权的观念作出阐发。在《论俗语》一文中,康德将权利视为正义的法则,并将其进一步具体化为三个先天原则:一是"社会中作为人的每个成员的自由",二是"社会中作为臣民的每个成员与每个他人的平等",三是"一个共同体中作为公民的每个成员的独立"。[①] 这三者分别关涉公民自由、法律平等和政治自由问题,在康德看来,它们构成了个人最基本的权利。在此基础上,他试图说明在实践中个人自由何以能够在一个规范性和强制性的法律体系中与他人的自由共存。同时,这三个原则亦是基于正义法则的公民社会的普遍原则。

虽然如此,康德又认为,人在现实社会中的活动和权利关系,只是在现象界对属于本体界人的自由的某种暗示和类比,因而,社会现实中的权利不应当是人们关切的对象。这就暴露出他理论的局限性所在。即便如此,康德的这种保守的理论倾向却难以掩盖自由概念本身的现代突围,因为自由概念一旦落实到现实的人类生活中,必然会展现出不断追求自身的客观化的具体历史进程。到黑格尔那里,这种客观化、现实化的历史进程通过辩证法的矛盾运动得以呈示出来。

### (五)费希特的自由观

费希特继承了康德哲学崇尚实践的品格,在狂飙突进运动和法国大革命的时代精神感召下登上历史舞台。一方面,他和当时大多数进步的哲学家一样,高扬自由和理性的启蒙精神;另一方面,他又身体力行地将实践哲学应用于社会现实,企望理论能对现实发挥实质性影

---

[①] 李秋零主编:《康德著作全集》第 8 卷,北京:中国人民大学出版社,2010 年,第 293 页。

响。这充分体现出他要求社会变革的实践精神和时代特征。青年时期的费希特基于当时特定的历史时期——启蒙运动在欧洲的广泛传播,法国大革命爆发给处于封建专制下的欧洲人民以极大鼓舞——反对德国专制政府对思想自由和言论自由的压制,撰写了《向欧洲各国君主索回他们迄今压制的思想自由》这一名篇。在该书中,费希特指出有两种路径可以推动社会向前发展:"或者是通过使用暴力的突变,或者是通过逐渐的、缓慢而稳妥的进步。"[1]前者指的是自下而上的暴力革命,它可以达到立竿见影的效果,但也有可能导致社会后退,致使人民遭受苦难;后者指的是通过自上而下的启蒙实现社会的渐进改良。在他看来,后一种路径可以确保社会在免遭剧烈动荡的情势下和平地实现。而开展社会改良的首要前提是实现思想自由,"思想自由是社会繁荣昌盛的必要条件"[2],是"不容压制的天赋人权"[3],"民众,一切的一切都可献出,只有思想自由不能"[4]。"只有思想自由,只有不受阻碍、不受限制的思想自由,才能够建立和巩固国家的幸福"[5],才可能真正推动社会向前发展。

费希特以自我及其本原行动为出发点构建自己的哲学体系,这是笛卡尔以降直至康德的理性主义哲学传统的继续,但又与笛卡尔和康

---

[1] 梁志学选编:《自由的体系:费希特哲学读本》,北京:商务印书馆,2008年,第27页。

[2] 梁志学:《费希特青年时期的哲学创作》,北京:中国社会科学出版社,1991年,第45页。

[3] 梁志学:《费希特青年时期的哲学创作》,北京:中国社会科学出版社,1991年,第48页。

[4] 梁志学选编:《自由的体系:费希特哲学读本》,北京:商务印书馆,2008年,第28页。

[5] 梁志学选编:《自由的体系:费希特哲学读本》,北京:商务印书馆,2008年,第48页。

德有所区别。费希特与笛卡尔将自我看作一个单纯开展逻辑思维的精神实体不同,也同康德将自我视为与物自体相对立之物有别,他把"自我"作为一个既能进行严谨的逻辑运思又能创造合理的现实存在的能动的理性实体,由此充分彰显了作为实践主体的人的现实能动性。费希特将自由作为其哲学体系的核心概念,认为"自由是一切哲学思维和一切生存的根本"[1],正是以这一概念为根基,他建构起自己的哲学体系。他说:"我的体系是第一个自由体系;正像法兰西民族使人摆脱了外部枷锁一样,我的体系使人摆脱了自在之物、外部影响的枷锁,在自己的第一原理中把人视为独立不倚的存在者。"[2]也就是说,费希特认为自己的哲学就是有关自由的哲学,并且和法国大革命引领西方人实现自我解放、开辟了政治现代化的新征程一样,他的自由哲学赋予人一种超脱实在羁绊的思想解放,将人提升为独立自存的主体性存在。

费希特的自由概念是以自我概念为基础的,在他看来,作为本原行动的自我是创造一切事物的行动,是一切存在和意识的基础。自我的本质就是自身的活动,它只以自身为对象,只被自身所决定。自由是自我决定的活动,但它又不只是关涉主体或客体的活动,相反,"自由不是客体,而是有意识者的主客统一体"[3]。在《伦理学体系》中,费希特区分了"形式的自由"和"实质的自由"。他指出,自然的因果性存在一定的适用范围,在此范围之外,还存在着另一种由我的力量造成

---

[1] 梁志学选编:《自由的体系:费希特哲学读本》,北京:商务印书馆,2008年,"导言"第XXII页。

[2] 梁志学选编:《自由的体系:费希特哲学读本》,北京:商务印书馆,2008年,"导言"第I页。

[3] 费希特:《伦理学体系》,梁志学、李理译,北京:商务印书馆,2010年,第141页。

## 第一章　前黑格尔时期自由概念演化史

的因果性。这是因为支配自然的是超越一切自然东西的原则,亦即概念。他将这方面的自由称为"形式的自由",并认为形式的自由是一切自由的根源。至于"实质的自由",他说:"在自我中包含的一切东西都是用一种冲动加以解释的","有一种完全不涉及并且违背自然冲动而规定自己的冲动;行动的内容根本不能取自自然冲动,而是只能取自行动本身。既然我们要涉及对自由的意识,这样一种冲动就应该是为自由而争自由的冲动"。[①] 这种"为自由而争自由的冲动"实质上讲的就是自由的现实化活动。

在费希特看来,自由是主体自我独立地去自己规定和设定自己的能力,承担着亚里士多德形而上学意义上第一因的角色,"从质上而言,自由概念是关于一种作为绝对第一因的能力的概念"[②]。他把这种自我规定和设定自身的能力称为主体自身的"内在驱动力",凭借这种"内在驱动力",主体自我的自由才能不断地实现。当然,在实现自由的过程中,不可避免地会涉及必然性问题。和斯宾诺莎一样,费希特同样将自由与必然性看作是内在统一的关系,具体而言,就是必然性中有自由,自由也同样存在于必然性之中。他说:"当你设想你自己是自由的时候,你不得不在规律之下设想你的自由,当你设想这种规律的时候,你不得不设想你自己是自由的,因为在规律中就假定了你的自由,并且规律宣示其自身为一种自由的规律。"[③]这里所谓规律是对必然性的另一种表达,表明了自由只有在必然性的阈限内才是可能

---

[①] 费希特:《伦理学体系》,梁志学、李理译,北京:商务印书馆,2010 年,第 143 页。

[②] 梁志学主编:《费希特著作选集》第 2 卷,北京:商务印书馆,1994 年,第 374 页。

[③] 费希特:《伦理学体系》,梁志学、李理译,北京:商务印书馆,2010 年,第 55 页。

的。费希特认为,规律是主体理性为自己的自由行动而制定的,因而理性本身必须遵循而不能游离于规律之外。

  费希特也洞见到自由的社会属性,他把自由看作是一种主体间性关系,在不同的主体之间,人们相互发现、相互承认和相互给予自我和他者以自由。他说:"社会意向属于人的基本意向。人注定是过社会生活的;他应该过社会生活"①;"人(所有真正的有限存在物)只有在人群中间才成为人……如果确实应当存在着人,就必定存在着许多人"②。这表明他也将社会化看作人的本质,把人置于社会中来理解,进而给予他者以与自我同等的主体性地位。就此而言,费希特具有与近代英美政治哲学家从原子式个人来理解自由概念所不同的理论旨趣。在他看来,个人的自由必须置于整个社群之中才有可能实现,只有在广泛的社会交往中,各主体间既相互限制又相互给予自由,如此才有可能实现所有人的自由。人们的自由就存在于这种相互限制、相互给予的过程中:"每个人都应该在他自身以外,在他意识到的一切人当中,创造绝对的自相一致,因为只有在这种自相一致的条件下,他本人才是自由独立的。由此可见,每个人首先应该过社会生活,始终待在社会中,因为他不这么做,就绝不可能创造任何自相一致,而这对他来说毕竟是绝对命令。谁离群索居,谁就放弃了自己的目的。"③这就明确地呈现出了自由的社会属性,唯有在社会中,自我和他者的自由才有可能真正实现。

---

  ① 梁志学主编:《费希特著作选集》第 2 卷,北京:商务印书馆,1994 年,第 18 页。
  ② 梁志学主编:《费希特著作选集》第 2 卷,北京:商务印书馆,1994 年,第 296~297 页。
  ③ 费希特:《伦理学体系》,梁志学、李理译,北京:商务印书馆,2010 年,第 245 页。

## (六)谢林的自由观

作为和康德与费希特同时代人的谢林,对自由的理解又有所差别,他更加关注自由与历史和现实的内在关联。在《先验唯心论体系》中,谢林探讨了自由与历史、自由与必然之间的关系,以及自由的实现途径等问题。

首先,谢林认为,历史与自由之间存在极为密切的关联,历史是自由的一种外在展现,自由是历史得以生成的前提要件。他说:"历史的主要特点在于它表现了自由与必然的统一,并且只有这种统一才使历史成为可能。"[①]这表明谢林承续了斯宾诺莎、费希特等人的观点,认为自由与必然是统一的。一方面,自由与必然本质上是一个东西,"自由应该是必然,必然应该是自由"[②]。另一方面,必然又是实现自由的一个必要前提。"人虽然在行动本身是自由的,但在其行动的最后结局方面却取决于一种必然性,这种必然性凌驾于人之上,甚至于操纵着人的自由表演。"[③]也就是说,人的行动是自由的,但这不等于说自由的行动就意味着人可以任意而为,而是要以遵从必然性为前提。谢林还认为,人的自由行动其实是自由的现实化活动,它在理论上应当产生某种客观的东西,即社会现实中的法律制度。然而,吊诡的是,谢林又认为,人的自由行动在实质上并不能产生任何客观的东西,这是因为在现实的实践活动中,一切客观的东西本身都是由人的无意识行

---

① 谢林:《先验唯心论体系》,梁志学、石泉译,北京:商务印书馆,1983 年,第 243 页。
② 谢林:《先验唯心论体系》,梁志学、石泉译,北京:商务印书馆,1983 年,第 244 页。
③ 谢林:《先验唯心论体系》,梁志学、石泉译,北京:商务印书馆,1983 年,第 245 页。

## 自由与市民社会的关系研究
### ——以黑格尔《法哲学原理》为中心

为所产生的。因而,应当产生的客观的东西只能产生于人的直观中。这体现出谢林自由理论存在一些内在矛盾之处。

虽然存在以上矛盾,但谢林关于人的自由行动应当产生法律制度的思想,把握住了自由与外在秩序(亦即必然性)之间的本质关系。谢林非常关注自由的实现问题,认为自由与社会制度之间,犹如一枚硬币的两面,两者相互依赖而存在。一方面,他从外部秩序能够对自由产生保障作用着眼,认为一种普遍的法治状态和稳定的社会秩序对自由的实现有着至关重要的意义,它是外在自由得以存在的首要条件。他说:普遍的法治状态是自由的条件,因为如果没有普遍的法治状态,自由便没有任何保证。没有得到普遍自然秩序保证的自由完全是不可靠的……自由必须以一种制度作保证,这种制度就像自然秩序那样昭然在目和不可移易。[①] 另一方面,自由对社会制度的生成又具有反作用,社会制度的建立有赖于自由。他说:"这种制度却只能由自由来实现,它的建立唯独依赖于自由。"[②] 由此可见,谢林已经明确地意识到自由与外部社会秩序尤其是社会制度之间的内在关联,这一理解或许对黑格尔产生了直接的影响。

此外,谢林非常注重思想体系的建构,认为概念只有在某个整全的体系中能够自洽才能证明其存在的合理性。基于此种理解,他把自由与体系(谢林又称之为"科学的世界观的整体")两个概念紧密联系起来。在《自由论文》中,他明确指出:一方面,将自由置于一个体系之中加以言说,能够为自由的存在提供稳固的奠基;另一方面,任何自由都必须存在和实现于整体之中,离开整体的自由是无法想象的。因而

---

① 谢林:《先验唯心论体系》,梁志学、石泉译,北京:商务印书馆,1983年,第244页。
② 谢林:《先验唯心论体系》,梁志学、石泉译,北京:商务印书馆,1983年,第244页。

他认为,单凭个人无法实现人的自由行动的终极目标,而只能依靠整个族类的联合才能实现。由此可见,谢林也是在积极的意义上来理解自由的,将自由理解为人的行为活动摆脱外在和内在的束缚,达到人的完全自主。这具有典型的德国古典哲学的理性主义特征,可以说,根本上讲,德国古典哲学家们几乎全是从这个角度来理解自由的,对他们而言,情感和欲望是束缚人的消极性因素,个人要达到自由必须实现对这些因素的克服。与他们相比,黑格尔则运用了有别于他们的处理方式,不是将情感和欲望视为有碍于人们追求并实现自由的消极因素而完全予以否弃,而是认同英美自由主义者将其视为一种自由形态的做法,只不过它们在自由谱系中处于较低的层次罢了。对于黑格尔的处理思路,我们将在下文进行详细论述,在此不再赘述。

## 二、经验主义自由观

与大陆唯理论哲学家对自由的理性主义理解不同,英国的经验主义哲学家对自由采取了全然不同的观照视角,从而形成了风格迥异的自由理论。在此,我们择取近代以来在西方哲学史上影响巨大的三位哲学家霍布斯、洛克和休谟,探究他们的经验主义自由观。可以说,他们对自由的理解直接衍生出英美古典自由主义理论体系,并对现代社会的体制构建产生了直接影响,在根本上形构了现代世界的基本面貌。

### (一)霍布斯的自由观

在近现代西方自由主义的谱系中,霍布斯是一个极富争议的人物。一方面,他可以说是最早在现代意义上提出自然状态的理论假设,对政治国家的起源问题给出理论解释的人,他对社会契约、自然权利等理论所作的阐释,对后世的自由主义哲学家产生直接且重要的影

# 自由与市民社会的关系研究
## ——以黑格尔《法哲学原理》为中心

响,就这些方面而言,他对西方近现代自由主义理论的发展具有重要的奠基之功。另一方面,他推崇国家和君主的权威,企望借助利维坦这样的强权国家来构建和维持社会秩序,这又与其后的自由主义哲学家所倡导的个人权利至上的核心观点相悖。尽管霍布斯的理论存在这种显而易见的张力,但这并不妨碍他在西方政治哲学史上占据显要的地位,他关于自由的论述也应成为我们考察经验主义自由观的一个开端。

如果说哲学家总是直面他所处的那个时代开展理论运思,希望通过建构一个整全的理论体系来解释诸多社会历史现象、寻求救治社会诸多症结的良药的话,那么,"激发霍布斯思想的是'对我的国家眼下灾难的悲伤',是国家被那些吁求太多自由的人和那些吁求太多权威的人所分裂,是国家被交到野心家手中,这些家伙为了实现其野心而利用'轻率者'的嫉妒和怨恨"[①]。17世纪中期英国频仍的内战促使他思考政治社会的起源问题,将战争视为人类自然状态的鲜活例证,进而追溯至对人的自然本性的探讨,他关于自由的思考正是在这一语境下展开的。

霍布斯的自由观奠基于自然状态的理论假设之上。根据其自然状态理论,在前社会的自然状态下,人类由于天然拥有的竞争、猜疑和荣誉的本性,不可避免地会陷入"一切人反对一切人的战争"状态。在这种状态下,每个人都竭尽全力去保全自己的生命,因而,寻求和平、守护和平,是人们遵从的第一自然法则。在这一法则的指引下,每个人都不得不让渡自己的所有权利(包括自然状态下不稳定的自由权利)给第三方,订立契约而组成国家,以此来彻底终止战争状态。由此

---

[①] 渠敬东编:《现代政治与自然》,上海:上海人民出版社,2003年,第175页。

## 第一章　前黑格尔时期自由概念演化史

可见,人们构建国家的根本目的是保全个体的生命和基本权利,为人们的生存与发展提供一个安定和谐的社会秩序。那么,他的自然状态和社会契约理论如何关联起其自由观呢?

在《利维坦》中,霍布斯对自由作出了如下明确界定:"自由这一语词,按照其确切的意义说来,就是外界障碍不存在的状态。这种障碍往往会使人们失去一部分做自己所要做的事情的力量,但却不能妨碍按照自己的判断和理性所指出的方式运用剩下的力量。"[1]也就是说,人获得自由的条件有二:一是内在的条件,即个人必须有能力去做他想做的事;二是外在的条件,指个人在去做他想做的事情时不会受到任何外在的束缚和限制。显而易见的是,霍布斯旨在强调后者而非前者,在他那里,没有外在的妨碍才是自由最主要的特征,意志这一被理性主义哲学家们极力强调的因素,反而降为次要因素,自由不再被看作是意志的自由。在《利维坦》之前的著作中,霍布斯即明确指出:"自由不过是一个人做他确实愿意去做的,不做他确实愿意不去做的,此自由乃人的自由,而非意志的自由。"[2]在此,霍布斯将人的自由与意志自由区别开来,人的自由指的是人不受阻碍地做他愿意去做的事,它突出的是人的行动是否受制于外在阻碍,而不是像意志自由那样停留于抽象的可能性状态。据此可以说,霍布斯这里对自由的理解已全然不同于笛卡尔以来的欧陆理性主义,他对自由的关切,由人的内在的意志的无拘束转向了外在的不受阻碍,这最终会导致人们把自由概念与权利概念紧密关联在一起。同时,他还把自然权利理解为"就是每一个人按照自己所愿意的方式运用自己的力量保全自己的天

---

[1] 霍布斯:《利维坦》,黎思复、黎廷弼译,北京:商务印书馆,2021年,第97~98页。

[2] Thomas Hobbes, The English Works of Thomas Hobbes of Malmesbury, Vol. Ⅴ, London: John Bohn, 1841, p. 450.

性——也就是保全自己的生命——的自由"①。就此而言,自由被理解为一种自我保全的自然权利,由此构建起自由与权利的直接连接,进而引导人们看重法律。法律是国家统治、维护秩序的必要方式,因而,自由与法律是相容的。在霍布斯看来,法律的出现旨在保障人的生存权利,又必须以牺牲自然状态下人的自由为代价,但是,社会状态下的人们可以获得另外一种形式的自由,即霍布斯所谓"臣民的自由"。臣民的自由有着明显的限度,因为契约国家的构建,内在地要求个人权利绝对服从于国家权威,个人的自由只不过是法律令行禁止之外的自由。将自由纳入法律的框架内来审视,表明霍布斯的自由观已经具有非常明显的现代政治文明的意味了。

此外,关于自由与必然的关系方面,霍布斯认为自由并非仅对人而言才有的一个概念,"自由一词就其本义说来,指的是没有阻碍的状况,我所谓的阻碍,指的是运动的外界障碍,对无理性与无生命的造物和对于有理性的造物同样可以适用"②。同时,他接受了当时物理学中占据主导地位的机械决定论,并将这种观念贯彻到其自由观之中,认为自由与必然是一对相容的概念,说某物是自由的,并不妨碍其对必然性的遵循。在1656年发表的《关于自由、必然和偶然的问题》中,霍布斯基于其机械因果决定论的观点,认为一切事物都受必然性的制约,所谓偶然性是不存在的。人们的一切行为抉择都是出于某个特定的原因,意志同样受必然性的制约,不存在所谓的意志自由。由此可见,霍布斯所探讨的自由并非欧陆哲学家们关注的意志自由问题,他甚至慎言"意志"一词,他探讨的自由其实是行动的自由,霍布斯将其

---

① 霍布斯:《利维坦》,黎思复、黎廷弼译,北京:商务印书馆,2021年,第97页。

② 霍布斯:《利维坦》,黎思复、黎廷弼译,北京:商务印书馆,2021年,第162页。

表述为"意愿的行为"的自由。在他看来,人的自由包括两个方面:一是"运动不受阻碍的状况",二是"人的意愿(voluntary)运动不受阻碍的状况"。在此基础上,他对自由人作了如下定义:"自由人一词根据这种公认的本义来说,指的是在其力量和智慧所能办到的事物中,可以不受阻碍地做他愿意做的事情的人。"①此外,霍布斯还基于其世袭君主政体的立场,阐释了在民法约束下的臣民自由问题。

虽然霍布斯极为关切人的自由问题,他却认为在政治生活中,人们并不真正拥有思想、言论与政治自由。因为倘若将这些权利赋予人们的话,那么国家的力量相应就会被削弱,社会极易陷入混乱无序的状态。由此可见,霍布斯提倡的是一种消极意义上的自由观念,在他看来,唯有强大的国家威权才能保障人们权利的真正实现。最后,需要指出的是,霍布斯并非只在政治意义上言说自由,他还注意到了经济自由的重要性,指出私有财产的获得是建立国家的结果。霍布斯这种视角的转变对后来英美经验主义传统的自由观产生了极为重大的影响,例如,洛克就同霍布斯一样,也基于原初状态、社会契约这些理论来探讨人的自由及其现实化问题,并围绕这些核心概念思考现代国家和现代文明的构建。

(二)洛克的自由观

洛克并不认同霍布斯将国家权威置于个人权利之上的做法,相反,他认为创建国家的最终目的就是保护个人权利。自然状态绝非"一切人反对一切人的战争"状态,而是一种完备无缺的自由和平等状态。在自然状态中,每个人都是平等的,他们在自然法的范围内自行

---

① 霍布斯:《利维坦》,黎思复、黎廷弼译,北京:商务印书馆,2021年,第163页。

决定自己的行为,处理自己的财产,无须遵从他人的意志。在洛克看来,无论是自然状态还是社会状态下,生命权、健康权、自由权和私有财产权是每个人所拥有的最基本的自然权利,为了确保这些权利,人们才在基于大多数人同意的基础上组成了国家。因而,国家在根本上服务于对个人的这些基本自然权利的保护。①

在《政府论》中,洛克明确阐述了他对自由概念的理解,认为"自由意味着不受他人的束缚和强暴"②。他还区分了两种自由:"自然的自由"和"处在社会中的人的自由"。"自然的自由"指的是"不受人间任何上级权力的约束,不处在人们的意志或立法权之下,只以自然法作为他的准绳"③,换言之,自然的自由是人与生俱来的,不受后天人们的主观状态和客观处境的影响。"处在社会中的人的自由"则刚好相反,它其实就是指公民自由,指的是"除经人们同意在国家内所建立的立法权以外,不受其他任何立法权的支配;除了立法机关根据对它的委托所制定的法律以外,不受任何意志的统辖或任何法律的约束"④。洛克极为看重自由与法律之间的关系,认为法律是对自由的实现,自由必须与法律关联起来才能获得其现实性。他说:"法律的目的不是废除或限制自由,而是保护和扩大自由。这是因为在一切能够接受法

---

① 将生命权、健康权、自由权和私有财产权视为人最基本的自然权利,是近现代自由主义对人权内涵所作的最早规定,洛克对人的基本自然权利以及其他方面的论述深刻地影响了后来的自由主义者,也由此赢得了"自由主义之父"的美誉。
② 洛克:《政府论》(下篇),叶启芳、瞿菊农译,北京:商务印书馆,2019年,第35页。
③ 洛克:《政府论》(下篇),叶启芳、瞿菊农译,北京:商务印书馆,2019年,第15页。
④ 洛克:《政府论》(下篇),叶启芳、瞿菊农译,北京:商务印书馆,2019年,第15页。

律支配的人类的状态中,哪里没有法律,哪里就没有自由。……但是自由,正如人们告诉我们的,并非人人爱怎样就可怎样的那种自由(当其他任何人的一时高兴可以支配一个人的时候,谁能自由呢?),而是在他所受约束的法律许可范围内,随心所欲地处置或安排他的人身、行动、财富和他的全部财产的那种自由,在这个范围内他不受另一个人的任意意志的支配,而是可以自由地遵循他自己的意志。"①这些论述充分表明洛克明确地意识到作为现代人的公民自由,必须被置于法律的语境之中来理解,才能赋予公民自由以现实性。可以说,洛克早在现代性之初就已经锚定了现代人对自由的经验主义路向的理解。

洛克的自由观也涉及自由与必然的关系问题,在这方面,他明确反对欧陆哲学家普遍持有的意志自由论。他把"意志自由"这个语词视为一个"语言的怪物"(linguistic monstrosity)。在《人类理解论》中,他说:"所谓意志既是指人心有能力来指导人底各种动作官能使之趋向于运动或静止(在它们能受指导的范围以内)"②,而"自由既然就是一种动作底能力或不动作底能力"③。据此,他认为:"意志不是别的,只是那样一种能力。至于自由,则是另一种能力,人们在此,可以按照自己心理底真实选择,亦就是按照他们底意志,来实现或阻止任何特殊的动作。""因此,我们如果要问,意志是否有自由,那就无异于问,一种能力是否有另一种能力。这个问题一看之下,就是万分荒谬

---

① 洛克:《政府论》(下篇),叶启芳、瞿菊农译,北京:商务印书馆,2019年,第35~36页。
② 洛克:《人类理解论》(上册),关文运译,北京:商务印书馆,1983年,第219页。
③ 洛克:《人类理解论》(上册),关文运译,北京:商务印书馆,1983年,第216页。

的,并不值得一驳,并不值得一答。"①由此可见,相比于霍布斯较少将自由与意志关联起来的做法,洛克往前又推进了一步,认为"意志自由"概念完全是一种语义上的混淆。因为自由与意志是行为者所拥有的两种不同能力,所以不能被简单地等同起来。

正是通过这种语义学分析的方法,洛克驳斥了在欧陆流行的意志自由理论,由此论证了人们长期争论的意志是否自由的问题,根本上讲,是个伪命题。洛克还试图进一步厘清这个问题的根源,在他看来,人们因语义上的混用而陷入的悖谬,还是有其明确的问题意识的,即他们想要弄清楚如下问题:人能否自由地运用自己的意志?对此,洛克的回答是否定的。但是,从他的机械唯物主义自然观出发,洛克又认为人的意志必然服从趋乐避苦的本性,幸福是人一切意志行为的根本指向。并且,我们愈是服从追求真正幸福的必然性,便愈自由,"追求真正的幸福是一种必然性,这种必然性正是一切自由底基础"②。由此,他从幸福是人们生活的根本追求的角度出发,又将自由与必然统一起来。无论如何,洛克对意志自由理论的否定,在自由学说史上开辟了一条理解自由的新路向。这种推进使经验主义的自由观愈加远离了欧洲哲学传统中从形而上学层面对自由的理解,其理论后果是,人们对自由的理解与现实的社会政治生活关联愈益密切了。

总之,一方面,洛克将自由看作人的一种基本权利,并认为创建国家的首要目的就是保护个人的这一基本权利;另一方面,洛克否认理性主义哲学家们所不遗余力地探讨的意志自由这一形而上学命题。其结果就是,洛克将自由概念与权利概念进一步勾连起来,并对如何保护人

---

① 洛克:《人类理解论》(上册),关文运译,北京:商务印书馆,1983年,第212页。
② 洛克:《人类理解论》(上册),关文运译,北京:商务印书馆,1983年,第235~236页。

的权利——亦即保护人的自由——作出了理论上的论证。

### (三)休谟的自由观

17、18世纪欧洲的启蒙运动可划分为不同的流派,最为人所乐道的当数德国、法国、英格兰和苏格兰思想家们所推动的启蒙运动及其流派。在上文中,我们集中探讨的启蒙运动在法国、德国和英格兰的代表性哲学家们的自由观,本部分我们探讨的则是欧洲启蒙运动的另外一个支脉,即苏格兰启蒙学派的自由观。与德法启蒙学派不同,苏格兰启蒙学派将理性视为最为核心的概念,将其提升至人类一切认识和实践活动的中心位置;苏格兰启蒙学派的杰出代表如休谟、斯密等人虽然也承认理性对于人的认识和实践活动具有重要作用,但认为理性只是居于次要地位,非理性的情感最为重要,欲望、仁慈、勤勉等德性在现代文明和现代社会的构建活动中发挥了决定性作用。休谟和斯密均认为市场社会能使人变得更为理性和礼貌,但不认为经济活动中的商业关系能为人们提供所需的所有价值。同时,与法国和德国的启蒙思想家相互指责、排斥异己的关系不同,苏格兰启蒙运动的成员们则具有高度的社会性特点,他们组成协会和社团交流思想,碰撞出影响深远的精妙思想。

众所周知,17世纪开启的声势浩大的启蒙运动肇始于英国,随后扩展至德国、法国、荷兰等欧洲诸国。但少有人注意到的是,起初启蒙运动的影响范围只限于英格兰地区,更准确地说是在伦敦及其东南部地区,人们所熟知的培根、霍布斯和洛克等成就卓著的启蒙思想家,均为英格兰人。相比较而言,大不列颠岛上的另一片区域,即处于北部的苏格兰地区,由于社会历史和自然地理等因素,受到启蒙运动的影响要小得多。直至1707年,随着英格兰和苏格兰凭借签署《联合法案》实现了合并之后,苏格兰人开始正式开启现代化进程时,启蒙运动

## 自由与市民社会的关系研究
### ——以黑格尔《法哲学原理》为中心

才在这片古老的土地上掀起浪潮。彼时,启蒙运动的中心已经转至法国,伏尔泰、孟德斯鸠、卢梭以及百科全书派思想家们在理论建构及其现实社会效应上都已取得了骄人的成绩。在此情况下,苏格兰启蒙学派的思想家们对欧陆启蒙思想家和英格兰启蒙思想家的思想采取了兼收并蓄的做法,形成了别具一格的启蒙思想。他们的自由理论具有鲜明的时代和地域特色,更准确地说,是空间距离造成了他们时间上的差异,这种差异促使他们的自由观亦有别于英格兰人的自由观。尤为重要的是,他们的自由观直接关涉到我们接下来要探讨的核心话题,即现代文明论域中的市民社会概念。

在群星闪耀的苏格兰启蒙学者中,休谟无疑是最具代表性的一位思想家。一方面,他承续了培根以来英国注重经验、情感的哲学运思取向,沿袭了霍布斯和洛克由人的自然天性切入分析社会现象的思维方法,从分析人性入手展开对人类认识活动和社会历史现实的具体剖析;另一方面,他广泛吸收欧陆启蒙思想家的思想精髓,给予理性以较他之前的英格兰启蒙思想家们更多的重视。他积极介入当时哲学家们的理论论争,对康德产生了极大影响。同时,和其他苏格兰启蒙学派的成员一样,休谟的理论同样保有强烈的现实关怀精神,表现出改造现实社会的理论诉求。尤其是他站在时代的最前沿,积极拥抱现代文明,面对已然确立的资本主义新制度与苏格兰社会经济发展需求之间存在的尖锐冲突,对自由贸易作出理论上的论证,思考"祛魅"后世俗社会的秩序构建问题,这深刻地影响了其他苏格兰启蒙学者。例如,斯密就在此基础上开创了古典政治经济学之先河,弗格森在社会学上对市民社会概念作出了系统研究。有鉴于此,我们在此择取休谟作为苏格兰启蒙学派的重要代表来分析这一流派的自由观。

首先,休谟明确区分出自由的三种不同形式。在《人性论》中,休谟提到了三种自由概念:自发的自由(liberty of spontaneity)、中立的自由(liberty of indifference)和自由(liberty)。他指出:"很少有人能够区分自发的自由(如经院哲学中所探讨的自由那样)和中立的自由,区分与暴力对立的自由和意味着否定必然与原因的自由。"①其中,中立的自由是"与必然相对立的自由",它"只是那种决定性的阙如,是从一个对象的观念过渡或不过渡到任何接续对象的观念时我们感到的某种松散或中立"②。在随后刊出的精简版《人类理智研究》中,休谟进一步将自由定义为"我们所谓自由的意思只能是'一种按照意志的决定而行动或不行动的力量'"③。在这些表述中,休谟肯定了自由和自发的自由,认为自发的自由就是我们通常所说的自由的最基本含义,这两种自由都与强制相对立,与必然相一致,而中立的自由在本质上只不过是一种虚假的直觉,与必然对立,因而是应予否定的对象。这表明休谟同洛克一样,也将自由理解为免于强制,认为这是人的一种基本政治权利。为了保护人自由的权利,应该借助法律来建构一套完善的社会制度。在其后的《政治论文集》中,休谟多次强调法律对于保护人民的生命、自由和财产权的重要作用(这实质上是对洛克有关人的基本自然权利的肯定和接受),他甚至因英国民众所享有的自由度在当时世界上的领先水平而引以为傲,夸耀英国民众所享有的极端自由达到了令外国人吃惊的程度。④

其次,关于自由与意志的问题,休谟认为,根据所属领域的不同,

---

① David Hume, *A Treatise of Human Nature : A Critical Edition*, Oxford: Oxford University Press, 2007, p. 262.

② David Hume, *A Treatise of Human Nature : A Critical Edition*, Oxford: Oxford University Press, 2007, p. 262.

③ 休谟:《人类理智研究》,吕大吉译,北京:商务印书馆,1999年,第85页。

④ David Hume, *Political Essays*, Cambridge: Cambridge University Press, 1994, p. 1.

### 自由与市民社会的关系研究
—— 以黑格尔《法哲学原理》为中心

自由可被区分为两类：心理学意义上的自由和形而上学意义上的自由。心理学意义上的自由其实就是意志自由，指的是依照个人意志作出决断并采取行动的选择自由，它内在地蕴含着"能力"的意味，以个人的决定和选择能力为前提。这种意志自由是毋庸置疑的。形而上学意义上的自由是相对于因果必然性而言的，指的是人们的意志和意志活动不依从于任何外部的原因，它服从于内在的因果必然性。之所以会形成这种理解，主要是因为休谟受当时自然观方面主流的机械决定论思想的影响，认为人的意志和行为同自然界一样，都受因果必然性的支配。在自由与必然的关系问题上，休谟持相容论立场，认为一个行动既是有原因的又是自由的。从伦理学的角度看，自由与必然都是维持道德的基本要件。休谟说："我坦率地顺从这一类考察，并且大胆地断言：我在前面所解释的关于必然和自由的学说，不仅与道德一致，而且是维护道德的绝对要素。"[①]由此可见，在自由、必然以及道德这三者的关系上，休谟表现出明显的中庸立场，这种立场与他对经验的看重密切相关。以休谟为代表的英国经验主义哲学家敏锐地注意到，在日常生活中，经验性的东西往往不具有逻辑的一贯性。这是经验主义学说的一个重要特点。

再次，休谟尤为关注人们的现实自由，并研究了自由在社会中的现实化历程。在《英国史》中，休谟对自由问题尤其是自由在英国的发展历程，作出了细致梳理。他系统地考察了自远古时代以降直迄1688年"光荣革命"这段漫长的英国历史，剖析了自由在英国萌芽、发展以至形成一套稳定的社会制度体系的社会历史条件，着重探讨了以下主题：商业的发展，人们追求自由的新思潮的兴起，阶层的分化及其

---

[①] 休谟:《人类理智研究》，吕大吉译，北京：商务印书馆，1999年，第88页。

相互间力量的制衡,威权式政府的推动,以及法律的保障。通过这些考察,休谟得出结论,这些社会因素均以不同方式对"自由"在英国的实现程度产生了重要影响。休谟身处的苏格兰在经济和社会发展水平方面,远远落后于英格兰地区,在休谟等苏格兰启蒙思想家看来,通过"光荣革命"走上资本主义发展道路的英格兰,其自由的市场经济模式和君主立宪的政治制度,才是现代人的最佳选择,是苏格兰应当积极拥抱的现代文明。基于这一考量,休谟主张在政治和经济上积极接受英格兰现行制度,并重点对自由贸易开展有力的辩护。这些辩护,可以被视为苏格兰启蒙学派对自由在现代世界的现实化所作出的积极努力。

通过以上分析,我们可以看出,经验主义的自由观并不像理性主义自由观那样,主要地停留于对自由、意志与自由、必然与自由这些概念间的关联进行形而上学的探讨之上。经验主义哲学家着眼于社会现实,思考在现实的社会政治实践中,人们的"自由"是如何被保护并不断扩大的。换言之,自由在现实中的实现程度和实现状况,才是他们更为重要的理论关切。这就使得他们有别于欧陆理性主义哲学家们的致思取向,形成了自己别具一格的自由观。他们极为看重自由的现实化问题,对他们而言,不仅是如何理解自由概念,更为重要的是如何把意蕴丰富的自由在现实生活中实现出来。因此,越是到后来,他们就越发追求把自由客观化为一套实现和保障个体自由权利的制度体系,由此现实地推动了西方社会的现代化进程。近代以来,英美自由主义者们基本上都把自由与权利等同起来,尤其是20世纪的以赛亚·伯林最为明显,他将自由区分为积极自由与消极自由,并推崇消极自由。在他看来,消极自由就是免于外在强制和奴役的最基本权利,是一种作为社会人最基本的东西——人权的最为恰切的表述。对于这点,我国学者张佛泉已经作出令人信服的阐释。① 在此,我们可以采信他的这一观点:自由即权利。总之,将权利与自由等同起来,是现代英美自由主义者的主流做法。② 正是基于对自由的这一理解,他们更加注重设计出一套合理有序的社会秩序来保障个体的自由,这种理念有力地确保了其社会制度的自我修正、完善,从而展现出一定的活力和韧性。

---

① 张佛泉:《自由之确凿意义》,《政治思想史》2010年第3期。

② 罗尔斯在《正义论》中构想了两个正义原则,其中作为第一原则的"自由原则",其内容为:"每个人对与其他人所拥有的最广泛的平等基本自由体系相容的类似自由体系都应有一种平等的权利。"(参见约翰·罗尔斯:《正义论》,何怀宏、何包钢、廖申白译,北京:中国社会科学出版社,2009年,第47页。)其中,"basic liberties"被译为"基本自由体系",作为复数的"自由体系"显然就是指现实化的诸种权利。加拿大当代著名政治哲学家威尔·金里卡(Will Kymlicka)对此作了更为明晰的解释:"所谓'诸基本自由',被罗尔斯用来特指在自由主义的民主国家里普遍得到承认的、那些标准的公民权利和政治权利,如投票权、竞选权、享有正当审判程序的权利、自由言论权、自由迁徙权……这些权利对自由主义至关重要——事实上,识别自由主义的标志之一就在于,是否承认这些基本自由具有优先性。"(参见威尔·金里卡:《当代政治哲学》,刘莘译,上海:上海译文出版社,2011年,第60页。)由此可见,在当代英美自由主义者那里,将自由与权利等而视之的做法已为主流学者们所认同。

# 第二章

# 前黑格尔时期市民社会概念演化史

在第一章中,我们已就前黑格尔时期自由概念的内涵演进作出历史性梳理,由此展现出自由概念不仅是西方哲学史上一个古老的概念,而且在漫长的发展过程中,逐步演化成初具现代性意涵的、意蕴丰富的概念。相比较而言,市民社会概念的出现较为晚近,它是近代社会发展的产物。尽管如此,在有限的历史时期内,市民社会概念的内涵也经历了一个演化发展的过程,它由兼具政治国家和经济社会两重含义这样一个内涵模糊的概念,经由洛克到苏格兰启蒙学派,将政治意义上的政治国家和经济意义上的市民社会内涵作出初步区分,逐渐演变为与国家相对而言的独立经济领域。

市民社会的主要特征是社会秩序的自生自发性以及诸种社会自治力量的勃兴。一方面,城市的出现催生出市民,后者随着城市在现代社会承担的重要功能而成为社会的主导性力量;另一方面,交往的社会化不断突显,传统上以血缘亲情为纽带的交往方式构建的熟人社会,逐渐为以商品和资本为纽带的商业社会所取代,人们的交往范围愈益扩大,私人领域不断得到拓展。市民阶层通过交往的实践活动建构起私人活动空间,并独立于政治国家之外而存在。就此而言,"市民社会"概念与"私人领域"概念之间关联密切。与私人领域相伴生的是公共领域,二者的区分以市民社会的出现为逻辑起点。当市民社会中的市民积极参与公共生活的时候,他们便具有了公民身份。因而,在现代社会,人们具有双重身份,既是市民,又是公民。作为市民社会的一员,他可以在合理的范围内以追求私人利益为目的;作为公民社会的成员,他又负有参与公共生活、追求共同体之善、为共同体利益计的公共责任。当然,我们对市民社会与公民社会的这种界分已经是在现代意义上进行的,虽然这两个概念的内涵是否相同还是一个极富争议的话题,但这种对私人领域与公共领域的明确区分,已然成为现代社会的一个重要标志,市民社会的存在与否以及成熟程度也是衡量一个国家现代化程度的重要标尺。

诚然,以上我们对市民社会所作的粗略描绘难以展现市民社会在西方从无到有的整个发展历程。事实上,一个概念的演化过程远比我们寥寥数语的描述要复杂且漫长得多。市民社会概念亦如是。每一历史时期,人们对市民社会均有不同的理解,或者对市民社会与政治国家浑然不分,或者将政治国家与市民社会视为两个不同的领域,但又没有明确对其进行界分,或者是明确划分二者之界限,发展出较为系统而完善的市民社会理论。无论怎样,可以说,不同时期人们对市民社会的看法与该时期人们对自由的了解及其现实追求是分不开的,甚至可以说,市民社会的产生与发展史就是人类追求自由现实化的历史。反过来,自由的实现程度又促进了市民社会的完善,法治下的个人自由是市民社会的重要组织原则,其实现程度直接关系到市民社会秩序的建构和维系。在《法哲学原理》中,黑格尔在吸取前人相关论述的基础上,以概念的逻辑推演方法,系统地展现出了现代性的市民社会概念是如何基于自由的现实化运动而生长出来的。因而,在深入阐释黑格尔的相关理论之前,有必要"知所从来",对市民社会概念在西方思想史上的历史流变作一较为系统的梳理。

# 第一节
# 前市民社会阶段的国家与社会理论

市民社会一词对应的英文为 civil society。其中,civil 意为"公民的""民间的""文明的""根据民法的"。从词源学上讲,civil 来源于拉丁文 civis,其初始含义为"公民权益的""合法的""民法的"。中世纪时期,受亚里士多德思想的影响,civis 被赋予"文明的"含义。今天,汉语学界多将 civil society 译为"市民社会""公民社会""民间社会""文明社会"。基于这种语词上的历史流变,研究者们大多将市民社会概念的起源上溯至古希腊的"公民"概念。然而,在古希腊时期,"公民"概念的确切意涵又与今天迥然相异,它描述了彼时人们在社会组织、日常生产生活方面的朴素观念。在这方面,亚里士多德的相关论述最具代表性。

## 一、亚里士多德的 polis 概念

在古希腊时期,并没有一个概念能够与现代意义上的"市民社会"概念相对等,即便是内涵比较切近的概念也很难找到。按照学界一般的看法,亚里士多德在《政治学》中论述的"城邦国家"概念——古希腊语为 polis,英语学界译为 city state——与现代意义上的"市民社会"

概念较为接近,但前者的内涵显然更为宽泛。① 由于古希腊时期社会生产力水平不甚发达,物质资料极为匮乏,战争频仍,生死存亡的问题是古希腊人最为关切的问题,而政治又与之直接相关,这些因素共同造就了人们对城邦政治生活的天然兴趣。在《政治学》中,亚里士多德对"城邦"概念的使用,不仅体现了时人对城邦所作的偏向政治性的普遍理解,而且展现出它更为丰富的意蕴。

其一,"城邦"概念首先意指一种政治团体。亚里士多德指出:"城邦的一般含义就是为了要维持自给生活而具有足够人数的一个公民集团。"②这里的公民绝非我们今天所言的具有普遍性所指的民众,而是特指妇女、儿童、奴隶和外邦人之外的、那些具有政治参与资格的自由民。这表明亚里士多德所谓的"城邦"概念蕴含着一种政治偏向,它更倾向于意指一个政治共同体。

其二,"城邦"概念还具有经济意蕴。这方面的意涵源于梭伦改革。在早于亚里士多德200余年的梭伦执政时期,梭伦依照公民拥有土地的多寡,将公民划分为四个等级,并赋予每个等级以不同的政治权利,其实质是从政治和经济两个方面规定了公民权利。这一举措得到了古希腊人的拥护,并在此后的很长一段时间被沿用下来,直至亚里士多德时期,它已经成为规范古希腊人社会生活的基本制度,具有毋庸置疑的正当性,亚里士多德甚至因此而盛赞梭伦为"优秀的立法家"。就此而言,我们说,虽然亚里士多德的城邦概念具有强烈的政治倾向性,但经济生活同样包孕其中。只是由于当时的商业并不发达,

---

① 按照《布莱克维尔政治学百科全书》所说,polis 有"政治社会"和"公民"两重内涵。参见戴维·米勒、韦农·波格丹诺:《布莱克维尔政治学百科全书》,北京:中国政法大学出版社,1992年,第118页。

② 亚里士多德:《政治学》,吴寿彭译,北京:商务印书馆,2017年,第117页。

城邦概念更侧重于基于土地财产的经济权利和政治权利的关联。

其三,"城邦"概念还指称社会团体。在《政治学》开篇,亚里士多德即指出:"每一个城邦(城市)各是某一种类的社会团体,一切社会团体的建立,其目的总是为了完成某些善业……社会团体中最高而包含最广的一种,它所求的善业也一定是最高而最广的:这种至高而广涵的社会团体就是所谓'城邦',即政治社团(城市社团)。"①这里的"社会团体"概念内涵较为宽泛,在亚里士多德看来,"二人以上群众所组成的'团体'"均属于社会团体。② 例如,家庭、由买卖交易活动而构成的经济团体,以及出于共同目的而共同活动的政治团体……

同时,亚里士多德还区分了私人生活和政治生活。私人生活是以家庭为轴心所形成的自然关系的展现活动,政治生活则是人们在政治活动中结成的社会关系的展现活动,二者迥然有别,分属于完全不同的场域。对此,20世纪著名政治哲学家汉娜·阿伦特(Hannah Arendt)有过如下评述:"'除了他自己的私人生活以外,人还接受了第二种生活,即政治生活(bios politikos)。现在每一位公民都隶属于两种生活秩序,在他自己的生活(idion)与共同体的生活(koinon)之间存在着鲜明的区分。'……这不光是亚里士多德的一个观点或理论,而是一个简单的历史事实。"③私人生活和政治生活这两个概念,后来被阿伦特分别用私人领域和公共领域进行置换,成为人们探讨现代人生存实践所惯用的一对核心概念。无论怎样,阿伦特这里的相关探讨表

---

① 亚里士多德:《政治学》,吴寿彭译,北京:商务印书馆,2017年,第3页。

② 参见亚里士多德:《政治学》,吴寿彭译,北京:商务印书馆,2017年,第3页"注释"。

③ 汪晖、陈燕谷主编:《文化与公共性》,北京:生活·读书·新知三联书店,1998年,第59页。

明，在亚里士多德那里，城邦概念同时囊括了私人（生活）领域与公共（生活）领域。

总之，虽然亚里士多德时期，古希腊社会的商业贸易取得了一定的发展，这在一定程度上催生了人们对个体自我的关注和对现实自由的追求，并在某种程度上表现出人们对政治和经济权利的诉求，但它仍不足以发展成为一种现代意义上的商业文明，而现代意义上的市民社会就是商业文明。尽管亚里士多德的"城邦"概念描述的是政治和经济尚未发生分离的社会概貌，但他对私人生活与政治生活的二分，已经具有进步的意义，对后世同样产生了极其深远的影响。此后很长一段时间里，许多哲学家都是在他所构建的这一理论框架中对市民社会作出探讨的。在下文中，我们将具体呈现出亚里士多德的这一区分，如何经由中世纪基督教的世俗二分，最终衍生出近现代的市民社会与国家的明确分离。

## 二、西塞罗的 societas civilis 概念

在市民社会概念的演化史上，西塞罗同样占据重要地位。他的功绩首先在于，他把亚里士多德在《政治学》中首次提出的"politike koinonia"（英文为 political society/community）一词译为拉丁语"societas civilis"。这一转译意义重大，因为他首次明确了古希腊以来 polis 概念的具体内涵，即"公民的"（civilis），后世英文词语"civil society"就是以此为直接来源。尽管如此，西塞罗并未对"国家"（respublica）和"市民社会"（societas civilis）这两个概念作出区分，而是在行文中常常把二者混同起来加以使用。

其次，西塞罗扩展了"国家"概念的内涵。众所周知，古罗马时期国家疆域之阔大，远非古希腊所能比拟。并且，由于地域的扩展，人们

之间的交往变得频繁,商业贸易相对于古希腊时期亦有了长足的发展,城市生活欣欣向荣。这些新的变化使西塞罗面对的"国家"已非亚里士多德语境中的"城邦国家",而是拥有全新内涵的"国家"概念。具体言之,西塞罗向"国家"概念注入了三重新的内涵:(1)现代意义上的单一国家;(2)民法规范下的政治共同体;(3)出现城市文明和商业文化的共同体。[①]

再次,随着国家疆域不断扩大,西塞罗扩展了"公民"概念的范围。一如上述,在古希腊城邦国家中,公民只是指城邦中除去妇女、儿童、奴隶和外邦人之外的自由民。但在古罗马时期,罗马人凭借战争不断吞并邻邦,由此大大扩展了国家的疆域。随之而来的是新成员被纳入到国家之中,共同体成员的构成展现出多元化的特质,传统上以血缘为纽带组成的血缘共同体逐渐被以地域为分界的地域共同体所取代,古希腊多个城邦林立的小国家,被古罗马疆域辽阔的大一统的帝国所取代。面对这一新变化,担任过罗马执政官的西塞罗自然而然地扩展了罗马语境下的公民概念,对他而言,无论是原有的罗马人,还是通过征战并入的共同体新成员,都拥有平等的罗马公民资格,接受罗马民法的统一规范。这种对于政治共同体主体范围的扩展,有利于推动人们的社会交往和构建稳定的社会秩序。它看似只是一个细微的变革,实则在历史的流变之中,于无声处悄然改变着历史的航向。

最后,西塞罗发展了自然法理论,提出了构建市民社会的基本原则。在构建社会秩序的实践中,罗马人愈发认识到法律的积极作用。通过战争的手段,罗马从外邦夺取的资财内化为公共财产,由此带来如何对这些公共财物进行分配的新问题。"法"在古希腊文对应的意

---

[①] 参见戴维·米勒、韦农·波格丹诺:《布莱克维尔政治学百科全书》,北京:中国政法大学出版社,1992年,第125页。

思为"公平",而"公平"一词又源于动词"分配",法的产生就是为了实现对社会财富的公平分配。到古罗马时期,"法"的内涵发生了一定变化。在拉丁文中,"法"指的是"选择",这一点在他们的政治实践中得到了充分体现。古罗马的政治体制是精英主义政治,在对公共财富的分配上,贵族享有充分的选择权,他们积极运用选择权,将公共财富转变为私有财产,再以法律的形式确定下来。但如何运用选择权开展财富的分配,并赋予这种分配以合法性,直接关系到社会秩序的稳定,因而是人们不得不解决的突出问题。

在这方面,西塞罗的自然法理论贡献卓著。他在古希腊斯多亚学派自然法概念的基础上,引入柏拉图的"理性"和"正义"概念,从而赋予自然法以全新的内涵:"事实上存在着一种真正的法律(a true law)——即正确的理性:它与自然或本性相符合,适用于所有的人,而且是永恒不变的。经由它的命令,这种真正的法律要求人们践履自己的义务;经由它的禁令,它制止人们去做违法的事情。"[①]这里所谓"真正的法律"就是指自然法,也就是说,自然法是人们应当遵从的普遍性社会规范,指导着个人处理自我与他人以及共同体之间的关系,而正义和理性则是自然法最基本的两个原则,市民社会也是建基于这两个原则之上。他说:"市民社会的基础总是建立在由理性所灌注的正义之上,这种理性被理解为一种普遍的善,所有合法的国家机构都立足于这一原则的基础之上。"[②]这表明:第一,在西塞罗这里,市民社会和国家尚未有明确的区分,二者的意涵是相同的。第二,自然法是市民社会和国家的基础,理性和正义应当成为规范市民社会和国家的两个

---

[①] 乔治·萨拜因:《政治学说史》(上卷),托马斯·索尔森修订,邓正来译,上海:上海人民出版社,2008年,第209页。

[②] John Ehrenberg, *Civil Society: The Critical History of an Idea*, New York: New York University Press, 2017, p. 37.

基本原则。由此可见,西塞罗已经赋予自然法以普遍性规范效力,这已经极为接近于现代意义上的自然法理论了,这也是现代自然法理论将源头追溯至古罗马的根本原因。

## 三、中世纪的国家概念

中世纪是一个信仰至上的时代,基督宗教在社会生活诸领域发挥着决定性作用。尽管彼时的国家和市民社会观念与今天尚存在一定距离,但它毕竟孕育了现代意义上的政治观念,是古希腊、古罗马过渡到近现代必不可少的一环。更何况两个不同时期的观念,其内涵之间存在着一定的亲缘关系,昭示着历史连续性原则的普遍有效性。这就使得我们有必要对中世纪的国家与市民社会概念作出考察。

中世纪神学家们的理论建构围绕为信仰作论证而展开。如奥古斯丁、阿奎那等人主要是将古希腊哲学家的思想移植到基督教神学中,出于为神学作论证的目的,进行思想的嫁接。尽管如此,他们的理论努力仍然产生了一些不容忽视的成就。

首先,"社会"概念的产生。根据阿伦特的考证,古希腊时期尚不存在能与今天的"社会"概念相对应的语词,只是到了古罗马时期,这个概念才真正出现。在将亚里士多德的名句"人在本性上是政治的动物"翻译成拉丁语时,古罗马著名教父哲学家托马斯·阿奎那将其译为"人在本性上是政治的,即社会的"[1],"社会"概念由此才获得了相对明确的内涵。这可以说明两点:其一,阿奎那用"社会性的"来对"政治的"作进一步说明,由此表明在那个时代,"社会性"概念已经成为一

---

[1] 汉娜·阿伦特:《人的境况》,王寅丽译,上海:上海人民出版社,2009年,第15页。

## 自由与市民社会的关系研究
### ——以黑格尔《法哲学原理》为中心

种能为大多数人所体认的一般性概念,相较于"政治的"概念,它更具亲和性。这大抵是因为尽管中世纪神权统治一切,但在欧洲很多地方工商业仍然取得了长足发展,由此催生出新的阶层,这在一定程度上有助于独立于教会和国家之外的市民社会的出现,并在欧洲领土上悄然生长开来。市民社会的出现和发展是一个极为漫长的过程,虽然人们对它并没有清晰的认识,但毕竟能在潜意识中感知到它的存在,因而可以用"社会性的"来诠释"政治的"。其二,在拉丁语中,"社会"概念具有政治内涵:"它表示人民之间为了一个特定目标而结成的联盟,比如一群人为了统治另一群人而组织起来,甚至为了犯一桩罪行而组织起来。只是随着后来'人—类社会'(societas generis humani)概念的出现,'社会'这个词才开始获得它作为一种基本的人类状况的一般性意义。"[①]这表明此时的"社会"概念仍然带有浓重的"政治"色彩,人们仍然存在对(市民)社会与政治(国家)这两个概念的混用,而没有将二者分离开来。尽管如此,"社会"概念毕竟从"政治"概念中脱离出来,这就为此后两个概念之内涵的进一步分离作出了铺垫。

其次,国家的起源及其目的方面。阿奎那的理论最具代表性,他认为国家起源于上帝赋予人追求自身需要之满足的自然本性,人的需要的满足必须借助于社会的分工与合作来实现。在此过程中,必须有一个强有力的机构来调节人们之间的冲突,由此国家应运而生。就此而言,国家产生的目的就是调节诸成员之间的关系,实现人们的普遍幸福。物质层面的丰足是实现幸福的必要条件,而要达到物质丰足,又要允许私有制的存在。有基于此,阿奎那肯定私有制存在的合理性,认为它是推动社会发展的重要因素。总之,一方面,阿奎那认可政

---

[①] 汉娜·阿伦特:《人的境况》,王寅丽译,上海:上海人民出版社,2009年,第15页。

治国家乃实现人的幸福生活所必需,另一方面,他又洞察到私有制在满足人们的物质需要方面的不可替代性,因而对发展工商业持有肯定态度。虽然后一方面的结果与阿奎那的初衷相悖,却是其理论的必然逻辑结果,即工商业的发展导致市民社会的出现并日益走向成熟,最终形成一个相对独立的领域,在政治国家和教会之外调节人们的社会关系。

再次,国家与教会分立的思想。中世纪教会与王权的强烈冲突直接诱发了人们对教权与王权关系的思想讨论,其中占据主流的观点带有明显的折中色彩。这方面最显著的体现是,虽然中世纪神学家们几乎都认为世俗国家应该从属于教会,但他们并没有取消世俗国家的相对独立性。例如,奥古斯丁即认为,一方面,从价值层面上讲,教会要高于世俗国家,国家的建立很大程度上是服务于教会的需要。从起源上讲,世俗国家起源于人的原罪,人们通过政治权力开展一部分人对另一部分人的统治,根源于上帝对人的惩罚,因而人们理应接受。世俗政权应为教会服务,运用强权镇压宗教异端,从而维护基督宗教的正统信仰。在《上帝之城》中,奥古斯丁以上帝之城和地上之城的对立为出发点,将上帝的救赎视为人类俗世生活的终极追求,进而展开对世俗国家的论述。在他看来,世俗国家至多是徒具正义的外表,不可能实现真正的正义,真正的正义只存在于上帝之城中。另一方面,无论是就其产生而言,还是就其运行而论,国家都应该具有相对于教会而言的一定的独立性。它的存在对于维护社会秩序、实现和保障人在现世中的幸福具有不可替代的积极作用,就此而言,教会应当承认世俗政权存在的合理性,其神职人员也应服从国家的管理,遵从国家运行的惯常规则。因而,从根本上讲,他们大多数是持国家与教会二分的立场的,世俗政权和神权两相对立,相反相成。从根本上讲,它体现了当时的人们对秩序和正义的追求。

总之,中世纪时期,由于教权、王权与贵族权三种势力之间相互既有斗争又有合作,权力多元并存的局面长期存在。多元权力间既斗争又妥协,形成了各方力量的均势与张力:"既然谁也不能消灭谁,那就必须让各色各样的原则一起存在——他们应该在他们之间订立某种协定。大家都同意各自去进行可以属于自己的那部分发展。在别处,当某一个原则占优势产生了暴政时,在欧洲,自由已成为文明因素多样性的结果,已成为它们经常所处的斗争状态的结果。"[①]此种多元权力的土壤,为中世纪大批城市的兴起及城市自治权的蓬勃发展提供滋养,从而为城市市民社会的生长提供了良好机会。"作为一个自由的、自治的市民社会的城市,是中世纪欧洲的一个新的政治和社会有机体。"[②]可以说,中世纪这种多元共存的局面是对古希腊关于公共生活、私人生活二分思维的延续。这种公私、圣俗的严格区分,锻造了西方人的整体精神品格,亦即韦伯所说的"条理性"。这就为近现代从政治与经济两个层面实现国家和市民社会的分离,夯实了宗教文化基础。

# 第二节
# 近现代市民社会概念的出现

近代以前,市民社会不仅是一个内涵极为模糊的概念,而且其称谓也不甚明确。有时人们将"社会"与"政治社会"这两个概念对立起

---

[①] 基佐:《欧洲文明史》,程洪逵、沅芷译,北京:商务印书馆,2005年,第27页。

[②] 汤普逊:《中世纪经济社会史》(下册),耿淡如译,北京:商务印书馆,1997年,第427页。

来加以使用,由此表明此处的"社会"就是指"市民社会";有时人们又直接运用"市民社会"概念,其内涵则仍然停留在古老的意义含混层面上,与现代意义上的"市民社会"概念内涵差异较大。只是到了近代,市民社会概念才开始逐步趋近于它的当代内涵,并渐趋稳定。在这一概念内涵的演化过程中,英国的近现代哲学家起到了决定性作用。

## 一、霍布斯的私人团体概念

托马斯·霍布斯(Thomas Hobbes)生活于英国圈地运动的时代。通过圈地运动,英国工商业发展获得了充足的原料和廉价的劳动力,商品经济迅速发展起来,新兴资产阶级势力壮大,通过参与议会斗争积极争取自身权益。在此大背景下,霍布斯发展出自己的政治学说。他的政治哲学有四个出发点:自然状态、自然法、自然权利和社会契约。基于自然状态的假设,霍布斯将政治国家看作是人类的文明形态,将自然状态视为前社会的、未开化状态,这种状态是一种"一切人反对一切人的战争"状态。

霍布斯认为,有四方面原因促使自然状态沦为战争状态。第一,物质资源的极度匮乏。在自然状态中,由于自然资源极为匮乏和生产力低下,现有的物质生活资料难以满足所有人维系生存的基本需要。第二,人们天然地追求自我保全的需要。由于自然资源的有限性,"任何两个人如果想取得同一东西而又不能同时享用时,彼此就会成为仇敌"①。也就是说,为争夺有限的生存资源,人们不可避免地会陷于相互间的争斗。第三,每个人在能力上都是平等的。在自然状态中,人

---

① 霍布斯:《利维坦》,黎思复、黎廷弼译,北京:商务印书馆,2021年,第93页。

们在身心两方面的能力都足够平等，"就体力而论，最弱的人运用密谋或者与其他处在同一种危险下的人联合起来，就能具有足够的力量来杀死最强的人"①。这种能力的平等使得斗争成为可能。第四，人类的天性自然地导向争斗。从今人的角度看，解决资源匮乏问题的最好方式是通过人们之间的团结协作生产出更多资源。而从霍布斯的视角来看，这是社会状态中的人们才会具有的集体性观念，自然状态中的人是个体性存在，首先服膺那些具有自利性和排他性的秉性。在人类的天性中，"有三种造成争斗的主要原因存在。第一是竞争，第二是猜疑，第三是荣誉"②，这使得人们在自然状态下难以走向团结协作，反而容易进入相互敌对的状态。基于以上四点，霍布斯断定，自然状态下的人们必然会导向个体间的相互敌对。③ 基于这些预设，霍布斯似乎认为，在自然状态下，"不可能有任何事情是不公道的。是和非以及公正与不公正的观念在这儿都不能存在"④。因此，自然状态是一种道德和正义阙如的状态。

尽管自然状态本质上是战争状态，但每个人都可以基于他所拥有的"自由的自然权利"，追求生命的自我保全，因而，"寻求和平，信守和平"是自然法则的第一原则。为此，人们不得不通过订立契约的方式，让渡出一切权利给一个强有力的统治者。统治者的权力不受任何限

---

① 霍布斯：《利维坦》，黎思复、黎廷弼译，北京：商务印书馆，2021年，第92页。
② 霍布斯：《利维坦》，黎思复、黎廷弼译，北京：商务印书馆，2021年，第94页。
③ 详细论述参见郭伟峰：《自然状态、例外状态与现代性治理——阿甘本对自然状态的重释及其政治哲学意蕴》，《江海学刊》2024年第6期。
④ 霍布斯：《利维坦》，黎思复、黎廷弼译，北京：商务印书馆，2021年，第96页。

制,既不能被分割,也不能被剥夺,如此才能为保障臣民的权利提供有力保障。这种理论最终"被推向了极端的国家万能主义(Erastianism)"[①],认为国家主权者拥有至高无上的权威。基于这一理念,霍布斯在近代的开端处,首倡王权的至高性,认为教会权力亦不能独立于王权之外,君主专制政体才是人类社会的理想政体。在对教权的反抗方面,霍布斯重新阐释了《圣经》中的"上帝的王国",认为它其实就是指地上的世俗国家,在此基础上,他批判了教权至上的观念,并提出王权统摄教权的观点。这一观点对于强化世俗国家相对于基督宗教神权统治的独立性,深化中世纪既已形成并日益巩固的权力多元的思想传统来说,具有积极的历史性意义。同时,它也现实地推动了人们摆脱教会的宗教束缚,注重现世生活的时代潮流的发展。

霍布斯的国家观具有浓厚的机械唯物主义烙印,这主要体现在他对国家构成的理解上。他认为国家像人的躯体一样是一个整体,"臣民的政治团体"和"私人团体"则形构了国家的"部分",是"与自然人躯体类同的部分肌肉相类似的团体"。[②] 这里的"团体"就是我们通常所言的意涵宽泛的"社群"(community),"团体就是在一种利益或事业中联合起来的任何数目的人,其中有些是正规的、有些是非正规的"[③]。根据这一定义,几乎所有的组织单位都可纳入其"团体"之列,它们要么是正规的,要么是非正规的,要么是政治性的,要么是私人的。霍布斯更为关切政治团体,在《利维坦》中,他主要讨论的对象就是政治团体,认为政

---

① 威廉·R. 索利:《英国哲学史》,段德智译,北京:商务印书馆,2017年,第62页。
② 霍布斯:《利维坦》,黎思复、黎廷弼译,北京:商务印书馆,2021年,第174页。
③ 霍布斯:《利维坦》,黎思复、黎廷弼译,北京:商务印书馆,2021年,第174页。

治团体是国家最重要的构成单元。在霍布斯的语境中,政治团体承担了诸多具体的公共职能,与传统上所理解的政治国家同义,就市民社会概念的发展史而言,这方面并没有什么推进之处。在思想史上真正有意义的,反而是霍布斯较为轻视的"私人团体"概念。

根据霍布斯的界定,所谓私人团体,指的是"臣民在自己之间组织的,或是根据外国人的权力建立的"①社团。"臣民在自己之间组织的"私人团体是指由开展商品贸易的商人所结成的社团,"他们组合起来的目的就是获得更大的利润"。② 这种团体旨在通过开展自由买卖的经济活动,谋求个人利益,并不结成垄断公司肆意攫取高额财富以谋求整个团体的共同利益。因而,它在其限度内的经济活动对国家是有利的,政府应予保护。霍布斯的上述阐释表明,他所谓的"私人团体",其实就是指市民社会中的商业组织,或曰黑格尔意义上的同业公会。

从市民社会概念发展史的视角看,霍布斯提出私人团体概念的意义重大。然而,由于他的政治哲学以国家为核心关切,忽略了这个最具开创性的概念。虽然他也注意到了私人团体开展的经济活动能够实现个体利益的满足,这无疑有助于推动社会的发展,尤其是促进现代文明观意义上的社会秩序的构建,但由于他过度推崇政治强权,认为唯有国家权威才能保障个人的基本权利,不可避免地会导致他无视市民社会(在他的话语体系中是私人团体)的相对独立性。甚至在他看来,私人团体的独立反而会危及国家强力,于国家不利,于人民有害。虽然如此,我们仍旧能够从他关于私人团体的论述中,窥见他敏锐地洞察到商业社会导致了新兴组织的出现。虽然霍布斯主要关切

---

① 霍布斯:《利维坦》,黎思复、黎廷弼译,北京:商务印书馆,2021年,第174页。
② 霍布斯:《利维坦》,黎思复、黎廷弼译,北京:商务印书馆,2021年,第180页。

如何在专制君主的主导下构建稳定的社会秩序,但他并未因此全然忽略资本主义发展的现实。例如,在经济上,霍布斯大力鼓吹发展手工业、航海业等传统行业,以及商业和金融业等新兴行业,倡导货币经济并为经济活动进行立法。这些举措均适应了资本主义的发展趋势,符合新兴资产阶级和新贵族的利益,具有进步意义。

遗憾的是,理论的关注重心让霍布斯未能从正在生长中的市民社会捕捉到历史航向,从而错失了将市民社会从政治国家中独立出来的一项思想史功绩。他对市民社会的论述较为有限,也没有从学理上区分开政治国家与市民社会;同时,他鲜明的政治取向遮掩了他对日益发展起来的资本主义工商业的观察。虽然如此,他关于自然状态和社会契约的论述,为此后洛克和卢梭等人的相关理论作了铺垫。尤为可贵的是,他关于个人权利、国家权力及其限度,以及个人与国家间的关系问题的表述,已经具备现代意义上市民社会概念的雏形。

## 二、洛克的公民社会理论

在把市民社会概念与国家明确区分开来这一思想史的大事件中,约翰·洛克(John Locke)作出了卓绝贡献。从他开始,市民社会概念获得了现代的意义。正如亚当·塞利格曼(Adam Seligman)所指出的:"洛克常常被当作(很可能是错误地被当作)现代个人主义和市民社会'自由'版式的最重要的前驱。他受惠于那些为他的市民社会理论提供必要的'超验'前提的自然法理论家们。如果说到了18世纪洛克式观念中的超验因素已被作为道德秩序渊源的道德情感和自然同情之观念所替代,那么,我们对现代市民社会概念的理解必须从洛克开始。"①

  同霍布斯类似，洛克从自然状态、自然法和社会契约这三个核心概念出发，来建构自己的国家理论。但他对这些概念的解释与霍布斯迥然有别，具体表现为以下方面：首先，对自然状态的描述不同。不同于霍布斯将自然状态假设为"一切人反对一切人的战争"状态，洛克将自然状态设想为一种"完备无缺的自由状态"和"平等状态"。② 霍布斯认为，自然状态下物资匮乏，洛克则认为自然状态下物资充盈，不存在土地、食物等物质分配不均的状况，人们不必为争夺物质资源而爆发战争。霍布斯认为，自然状态下不存在道德法则来规范人的行为；洛克则认为在自然状态下，存在一种有效的、具有强大规范效力的道德法则，其中每个人都拥有自然法则的执行权，以惩治违法者的自然权利为后盾。

  其次，自然法的内容有所不同。虽然平等原则是二人自然法理论的共有内容，但其确切内涵则迥然相异。霍布斯的平等原则指的是人的能力的平等，即每个人在智力和体力上具有同等的能力；洛克的平等原则是对权利的道德要求，即没有人拥有凌驾于他人之上的自然权利。洛克的平等原则基于当时英国资本主义商品经济取得一定发展的社会现实。在市场经济活动中，活动的参与者在法律上一律平等，且是能自由地进行商品竞争的独立自主的个人，自由与平等理所当然地被视为人与生俱来的自然权利。在自然法的执行方面，霍布斯认为必须有一个强有力的机构和人来执行，既能不受阻碍地执行法律，又能对违法者起到震慑作用，如此才能使人们的权利得到保障；洛克则

---

① 邓正来、J.C.亚历山大编：《国家与市民社会：一种社会理论的研究路径》，北京：中央编译出版社，1999年，第59页。
② 洛克：《政府论》（下篇），叶启芳、瞿菊农译，北京：商务印书馆，2019年，第3页。

认为每个人都拥有执行自然法的自然权利。

通过以上比对,我们很容易看出,洛克是从人性和理性这两个维度来理解自然法的。当然,霍布斯同样是基于对人性的理解来反推自然状态,但他对人性的理解与洛克存在较大不同,与卢梭的理解差异尤甚。洛克也重视理性,但和英国其他经验主义哲学家一样,在他们的语境中,理性并没有获得在欧陆理性主义哲学家那里所具有的至高无上地位。对他们来说,理性自身并非完美无缺,而是同样存在限度和缺憾。到了苏格兰启蒙学派思想家那里,这种对理性的理解愈发明确化了。当然,既然我们在此将人性与理性并举,就说明我们将人性意指感性,如情感、欲望等最朴素的东西。经验主义之所以为经验主义,不仅是因为它讲求观察、实证和人在现实生活中的真切生存体验,还包括它对情感、欲望等这些人性中最朴素东西的肯认。这也是英国经验主义哲学有别于欧陆理性主义哲学之处。当然,这里并不是说经验主义哲学家不注重理性的作用,恰恰相反,和理性主义者一样,他们也将理性视为人的本质特征,但他们也同样(甚至更加)强调情感、欲望在人们的认识和实践中的重要作用。英国经验主义哲学家这种从人性出发进行理论建构的传统,深刻地影响了整个盎格鲁-撒克逊民族的思维方式,并锻造出其特有的民族品格。

最后,由于二人在理论上存在的上述差异,洛克的社会契约学说具有全新的内涵。按照洛克的理解,即使在自然状态下,个人所拥有的基本权利——生命权、健康权、自由权和私有财产权——亦能受到保障。所谓社会契约,不过是人们让渡出自己的一部分权利给某个团体,以便更好地协调彼此间的关系,保护个人的权利。但人所天然拥有的上述自然权利——现代语境中称之为人权——一直被保留在每个人手中,并未出让,这些权利神圣不可侵犯,就连国家产生的根本目的,也不过是保护个人的这些基本权利。这就与霍布斯的契约理论大相径庭了。虽然如此,但同所有的政治哲学家一样,他们共有同一个理论指向,即建构一个理想的社会秩序,确保人们于其间自由地追求福祉。

在《政府论》中,洛克明确地将政治社会、公民社会和国家这三个语词看作是同义词,三者是与自然状态截然对立的一种共同体组织样态。他说:"凡结合成为一个团体的许多人,具有共同制定的法律,以及可以向其申诉的、有权判决他们之间的纠纷和处罚罪犯的司法机关,他们彼此都处在公民社会中;但是那些不具有这些共同申诉——我是指在人世间而言——的人们,还是处在自然状态中。"[①]紧随其后,洛克继续说道:在任何地方,不论多少人这样地结合成一个社会,从而人人放弃其自然法的执行权而把它交给公众,在那里也只有在那里才有一个政治的或公民的社会。[②] 由此看来,在这部对后世影响深远的政治哲学著作中,洛克依然将公民社会与政治国家等而视之,这看起来与古希腊、古罗马思想家们的看法几乎如出一辙,并未对市民社会与国家的区分作出实质性推进。从宏观层面看,这一说法确乎符合事实,我们甚至可以推测在洛克的显意识中,公民社会与国家的确具有同一所指。然而,我们在此要说明的是,在《政府论》这部伟大的作品中,洛克深入地阐述了一个具有重大思想史意义的概念,由此将其政治哲学提升到一个更高的层次,并展现出他的历史进步性。这就是私有财产权概念。

洛克对私有财产权的探讨与自由紧密相关。在《政府论》中,洛克

---

① 洛克:《政府论》(下篇),叶启芳、瞿菊农译,北京:商务印书馆,2019年,第53页。
② 洛克:《政府论》(下篇),叶启芳、瞿菊农译,北京:商务印书馆,2019年,第54页。

对自由作出如下定义:"自由意味着不受他人的束缚和强暴"①,并认为绝对和专断的权力是对个人自由的最大威胁。为防止这种威胁,洛克反对"君权神授"的君主专制政体,主张权力的分立,即把立法、行政和外事三种权力分离开来,从而阻隔权力集中可能导致的专断。由此可见,洛克的自由概念本身预设了权利概念,权利是自由的关键性要素。一定程度上可以说,洛克是以权利来定义自由的,对权利的保护就是对自由的保护。

在人的诸种权利之中,最为重要的是私有财产权。根据洛克的自然状态理论,在自然状态下,人们就已经拥有财产。人们订立契约,组成国家的主要目的就是保护人们的私有财产。私有财产既合乎自然法,又合乎人性,对它的保护于情于理都是必要的。② 洛克提出了对后世影响巨大的劳动所有权理论,根据这一理论,私有财产是劳动者基于其辛勤劳动创造的,劳动者通过劳动活动,将自己的主体意志灌注到劳动对象上,因而,劳动产品是劳动者人格的客观展现,并经由法律、契约和协议所确认而加以保障。在这一过程中,某人一旦将自己的劳动加诸客观外物之上,"使它脱离原来是共有的自然状态,而开始成为一种财产"③,那么他就实现了对该物的占有,拥有对该物的所有

---

① 洛克:《政府论》(下篇),叶启芳、瞿菊农译,北京:商务印书馆,2019年,第35页。

② 在早期的哲学家们看来,合乎自然法的就是合乎理性的,二者存在一定的重合。

③ 洛克:《政府论》(下篇),叶启芳、瞿菊农译,北京:商务印书馆,2019年,第20页。

权,相应地,该客观外物就是他所占有的财产。① 因而,财产权不仅意味着个人对事物的占有,而且宣示着主体间的相互承认和个体人格的相互尊重,隐含着现代社会对平等精神的呼唤。所谓"风能进,雨能进,国王不能进",由自由而权利进而自由,表明了自由概念本身就内蕴着平等的要求。洛克突出强调私有财产权的历史意义无疑是巨大的,它经过历史的深厚积淀,最终塑造了英国人的个人主义品格。

此外,洛克还提倡宗教宽容和信仰自由。在《论宗教宽容》中,洛克之所以要为宗教宽容和信仰自由作辩护,主要是因为当时资本主义经济的良好发展状况,使得人们一定程度上获得了精神的解放,价值观念上的多元化成为可能。这种社会的客观进步,以及洛克在欧洲大陆的游历经历,让他清楚地认识到思想自由对于社会发展的重要性,这是历史发展的必然趋势,而他的理论就是对这种历史潮流的反映。洛克为宗教宽容所作的辩护,适应了当时欧洲资本主义工商业发展的现实需要,是时代的呼声,并现实地推动了西方社会向前发展。它构成了洛克作为西方自由主义开创者的重要因素,深刻地影响了后世自由主义理论的发展,具有巨大的理论意义和现实意义。

综上所述,虽然洛克未能认识到市民社会与政治国家之间的分别,但他基于资本主义工商业迅速发展的现实,顺应新兴资产阶级为适应经济发展而吁求新秩序的要求,不仅提出了权力分立的制度设计构想,而且从权利的角度理解自由的思维路向,倡导保护私有财产、宗

---

① 在关于对某物占有的论述中,洛克明确指出自己讨论的是无主之物,因而占有即所有。这就隐含了他已经对占有和所有作了区分。由此可见,黑格尔在《法哲学原理》中对占有与所有的区分,是从有无灌注人的意志这个角度对洛克相关观点进行的深化。洛克讲的是将人的劳动加诸其上,黑格尔说的是把人的意志灌注其中,二者并无太大差异。据此,似乎可以推断,黑格尔所有权的学说应是受到了洛克的影响。

教宽容和思想自由。这些为后来的苏格兰启蒙学派将市民社会正式从国家分离出来的努力奠定了坚实的理论基础,因而具有重要的思想史意义。

## 第三节 苏格兰启蒙学派的市民社会理论

谈及欧洲近现代的启蒙运动,人们总是会首先想到法国的启蒙运动和德国的启蒙运动,鲜有人会想起以洛克为代表的英格兰启蒙运动,遑论更少为人所注意到的苏格兰启蒙运动。然而,事实上,这几个启蒙运动的支脉几乎是在同一时间,在欧洲的不同地域之上进行的,它们共同谱写了欧洲启蒙运动的交响曲。作为启蒙运动的一个分支,苏格兰启蒙运动从一个极为另类的角度向人们展现出启蒙运动的另一面相。诚如深受苏格兰启蒙学派影响的当代著名英国思想家冯·哈耶克(Friedrich August von Hayek)所说:"用'启蒙运动'(enlightenment or Aufklarung)这个称谓把两个不同脉络的学者——一方面是从伏尔泰(Voltaire)到孔多赛(Condorcet)的法国哲学家;另一方面是从孟德维尔(Mandeville)、经由休谟(Hume)和亚当·斯密(Smith)、再到埃德蒙·伯克(Edmund Burke)的苏格兰和英格兰思想家——笼而统之地归在一起的做法,实际上就是要掩盖他们之间的差异。因为从这些学者对 19 世纪的影响来看,他们之间所存在的差异要比他们之间可能存在的任何表面上的相似性重要得多。"① 如果说洛克尚未真正区分开政治国家和市民社会的话，那么，苏格兰启蒙学派则是真正在现代意义上使用了"市民社会"概念，并且将其与政治国家作出明晰区分。他们的理论直接且深刻地影响了黑格尔，正是在他们理论阐释的基础上，黑格尔系统地阐发了市民社会理论。

苏格兰启蒙思想家的主要活跃时间在英国"光荣革命"之后，彼时的苏格兰与英格兰已经在政治上结为一体。焕然一新的大不列颠王国国土上，共和旗帜已然升起，资本主义性质的君主立宪政治体制初步确立，商业、金融业和早期工业资本主义经济正朝着明确的方向大踏步前进。在这一历史背景下，苏格兰人遭遇的不再是如何"砸烂旧世界，建构新世界"的政治革命问题，而是在积极拥抱现代文明的历史基调上，如何快速发展苏格兰地区的经济和社会的问题。因而，如何融入现代资本主义市场体系，跟上南部英格兰经济、社会的发展步调，构成了苏格兰启蒙学派的主要关切。尽管学派内部成员在思想取向上存有分歧乃至对立，但因为他们共享同一关切，他们在市民社会的形成、维系与发展等诸多问题上，形成了很多共识。例如，他们承续了霍布斯、洛克以来从人性出发建构理论的思想传统，对人的情感、欲望颇多重视，甚至将其置于相较于理性更为重要的地位。从情感主义的路向出发，通过人皆有之的"道德感"来建构市民社会的秩序。与契约论者不同，他们认为社会秩序是自生自发的产物，社会发展是人们在特定境遇下的生存方式、财产关系等自然而然演化的结果。他们推崇贸易自由，认为市场有其自身的运演逻辑，自由的现实化、文明的发展演进是市场运行的必然结果。他们不仅肯定人们在市场经济活动中

---

① 冯·哈耶克：《哈耶克论文集》，邓正来选编译，北京：首都经济贸易大学出版社，2001年，第483页。

追求自己的利益，满足自己的物质需要，而且突出市民社会的德性之维，认为市民社会在伦理上是自足的，市民社会成员所共有的道德感对规范人们的行为、维护社会秩序具有积极的作用，是市民社会进行自我调节的重要一环。他们不像法国启蒙思想家那般激进，而是展现出稳健、平和与优雅的绅士风度，具有浓厚的调和特色。可以毫不夸张地说，这一时期的苏格兰思想家们为18、19世纪的英国经济革命作了最为有力、全面而系统的辩护。他们有关市民社会的思想，为现代的英国打上了浓厚的思想烙印，并在形塑现代意义上的英国政治、经济、社会和文化心理方面发挥了不容忽视的作用，为英国社会乃至更大范围的——如果说福山意义上的普遍史之说成立的话——历史变迁及其发生机制提供了一套极具解释力的理论。

在群星璀璨的苏格兰启蒙学者中，休谟、斯密和弗格森三人被誉为"苏格兰启蒙运动的三驾马车"，三人分别主要从哲学、政治经济学和社会学方面为苏格兰启蒙运动作出了卓绝贡献，他们的思想不仅对当时的苏格兰乃至整个英国产生了极大影响，而且从根本上影响了此后英国的历史走向。有鉴于此，本部分对苏格兰启蒙学派的市民社会理论的探讨，即围绕这三人的相关理论来展开。总体上讲，苏格兰启蒙学者已经不再将市民社会与政治国家视为同一概念，对二者的差异亦作出具体阐释。由于君主立宪的自由民主政体在英国已然得以确立，资本主义经济发展已经具备了一个稳定而恰切的政治生态，政治国家无须占用他们过多的精力，与之相对的、经由资本主义经济发展而催生出的市民社会，理所当然地成为他们理论的主要关切。

## 一、休谟的市民社会理论

从现代文明观的角度看，大卫·休谟（David Hume）最突出的理

**自由与市民社会的关系研究**
——以黑格尔《法哲学原理》为中心

论贡献之一在于,他在思想史上首次将市民社会与政治国家明确地区别开来。在《人性论》中,休谟频繁使用"社会"(society)概念,有时也使用"大型社会"(large societies)、"文明社会"(civilised society, polished society)和"市民社会"(civil society)这三种表述,或者将它们混同起来加以使用。① 从他的相关表述可以看出,在他的意识中,这三个概念的内涵与"政府"或"政治社会"(political society)截然不同。例如,"在一切大的文明社会中,政府依然是必要的"②,此处的"文明社会"概念显然与"政府"概念拥有不同的内涵。另外,在"政治社会"与"政府"、"市民社会"与"政府"这些概念同时出现时,休谟使用的并列连词有别,前者用"和",后者用"或",两种连词差别之明显不言自明。由此可见,在休谟那里,市民社会与政治社会(国家)之间迥然有别。相对于霍布斯和洛克而言,休谟的理解向前迈进了一大步。

休谟哲学的基础是其人性论。他对人性有三个基本预设:(1)自然为人类提供的物质资料相对匮乏;(2)人在本性上是自私自利的;(3)每个人都有有限的同情心。在这三个设定的基础上,休谟对公共利益和私人利益的关系问题作出了富有成效的探讨,认为从效果上讲,个人对私利的追求行动最终能够促进公共利益的实现。这是古典政治经济学的一个重要命题。从早期的曼德维尔到休谟、斯密和弗格森等人,几乎都持此论,当然各人侧重点有所不同。对于休谟而言,他侧重于个人在追求私人利益过程中自然生发出的普遍抽象规则和切实有效的法律制度。在他看来,私人财产权是公共利益与私人利益之

---

① 当然,细究起来,在休谟的文本中,这三个概念又存在一定差别。大型社会是物质丰裕、商业繁荣、原则性取代血缘亲情支配人民行为的市民社会;市民社会是商业文明的产物,是文明社会之一种。

② 休谟:《人性论》,关文运译,北京:商务印书馆,1996年,第586页。

间的一种有效平衡,唯有私有财产在法律上得到保障,人们才有可能在追求私利的同时诉求公益,进而生出一套政治、经济和法律秩序。休谟从对人性的探讨出发,推导出一套正义法则,它是支撑市民社会得以有效运行的基本原则。在《人性论》中,休谟指出:正义只是起源于人的自私和有限的慷慨以及自然为满足人类需要所准备的稀少的供应。① 休谟对此作出了较为详细的论证。在他看来,人的天性是自私自利的,利己心是人们一切行为的出发点。然而,倘若任由利己心肆意发展,不可避免地会导致个人之间利益的相互冲突。为了保障彼此的利益不受损害,构建起相对稳定的社会秩序,人们不得不自行限制和调整自己追求私利的行为。在此过程中,正义法则自然地得以生成,合乎要求的社会秩序亦得以确立。这种对追求私利行为的自行调整,产生了三种根本性自然法则,亦即休谟所谓的三项正义法则:稳定财物占有,依据协议转移所有物,履行所作出的承诺。这三项正义法则虽然是在人的利己心的驱使下,在追求个人私利的过程中产生的,但它一旦产生,便有益于公众利益。基于这三项正义法则所建构起来的人类社会规则,"这个包含着各个人利益的体系,对公众自然是有利的;虽然原来的发明人并不是为了这个目的"②。20 世纪的哈耶克正是深受休谟这一观念的影响,提出了阐释社会秩序生成的自生自发性概念。

经由对人性的细致考察,休谟展现出人性自私的一面,将政府设定为一种恶,有必要对其权力予以限制,从而保障个人自由免遭侵害。当然,这主要是因为他把自由理解为免于强制,将自由视为人的一项

---

① 休谟:《人性论》,关文运译,北京:商务印书馆,1996 年,第 536 页。
② 休谟:《人性论》,关文运译,北京:商务印书馆,1996 年,第 569 页。

基本权利。依循这一思路,休谟主张通过人为设计出的一套规则来实现,由此便引出了政治社会的形成与目的问题。霍布斯和洛克的契约理论认为政府是自主的个体通过订立契约而组建的,与之不同,休谟从怀疑论和经验主义的立场出发,认为并没有哪一个政府是真正基于契约而产生的,恰恰相反,历史经验表明,政府往往是通过暴力、战争、掠夺和继承等方式而产生的。在漫长的政治统治过程中,出于维持和谐秩序的需要,人类社会才逐渐演化出仁慈、正义、法治和德性的特质,秩序和规则同样是在漫长的社会演化过程中逐渐形成的,保护人们的自由和财产权是政府的一个重要目的。这是休谟对政府起源的经验主义论证。

虽然休谟强调人性自私的一面,但同时他又强调德性,主张自由经济与法治秩序。苏格兰启蒙学派的另一位代表人物哈奇森,否定道德源于理性的理性主义,把人所普遍具有的道德情感作为伦理观点的基础,采取道德情感主义的立场。休谟对此极为赞同。一方面,他强调利己心在推动社会进步中的动力作用;另一方面,他基于对人性的情感主义理解,看重人的同情心,认为它也是人性的重要一维,并且,他还采取了哈奇森式情感主义路线,强调德性对人们在经济活动中的逐利行为具有规范和引导作用。在政治经济学上,休谟信奉主观主义的边际效用理论,强调个人的感觉和偏好对人们的经济行为具有不容忽视的影响。作为一个规则论者,他对法律的约束功能推崇备至,认为法律在经济活动乃至社会秩序的构建方面,具有决定性作用。对市场社会中经济行为的调节和市场社会的建构及运行的探讨,既强调法律的外在规范作用,又强调道德的内在约束作用,是苏格兰启蒙学派共有的理论取向。① 在文明观上，休谟将人类历史粗略地划分为四种社会形态：拥有极少文明的野蛮社会，古希腊、古罗马社会，封建社会，近代以来的商业社会。他以文明和野蛮为标准，将政体区分为文明政体与野蛮政体。在文明政体中，又存在专制君主制和自由君主制两种君主政体。在他看来，区分近代君主政体性质的关键标准是人们拥有自由的多少，而非自由的有无。当然，他这里所谓的自由是法治意义上的，因为他认为自由与法律密切相关。

此外，休谟对经济自由问题作出了较多论述。他认为，货币对经济社会发展具有极为重要的促进作用。他在批判重商主义一味追求贸易顺差的基础上，论证了自由贸易的合理性。他基于其人性理论，把利己心视为维持商业社会的根本原则，同时指出，即便如此，人们的经济行为也必须恪守正义的法则，如此才符合人的自然倾向。由此，在《人性论》中作为理论出发点的被利己心所支配的人，在《政治论文集》中，化身为商业社会中遵循正义法则，不同个体间相互依存，通过交往而存在的市民。在休谟身上，我们能看到身处18世纪的苏格兰社会转型时期，苏格兰思想精英钟情于市民社会的探讨和研究，以及由之所映现出来的强烈的公共情怀和担当精神，这是那个时代最为耀眼的精神风貌。

综上可知，休谟市民社会理论的重要贡献在于，它着重探讨了人们在利己心的驱动下追求私利的行为过程，自发地推动着市民社会自身的持续运行，并内生出一套规则来规范人们的行为，构建稳定的社会秩序，由此为当时的资本主义市场经济的运行及其制度生成提供了一种富有解释力的说明。诚如《布莱克维尔政治学百科全书》所言：

---

① 相比较而言，当代新自由主义理论恰恰缺乏这种双向维度，因其太过强调法律对秩序维系的决定性作用，而忽略了市民社会中人们内在的德性之维。

"苏格兰人建立政治经济学的核心观点在于,经济生活是自我调节的,经济成长是一个能动的、自我持续的过程。正是休谟以其富于刺激性的,但却是零碎的经济学论文发动了辩论。"①休谟的这些思想,直接影响了苏格兰启蒙学派的其他成员,从而推动了现代市民社会理论的持续向前发展。

## 二、斯密的市民社会理论

和休谟一样,亚当·斯密(Adam Smith)在市民社会与政治国家之间作了严格的区分。所不同的是,斯密从政治经济学视角而非哲学和心理学视角看到了国家与市民社会的分别所在,并将市民社会描述为一个独立自足的"经济体",这也是斯密对市民社会发展史的贡献所在。

在《国富论》和《道德情操论》中,同休谟一样,斯密也频繁地使用"文明化社会"(civilised society)、"大型社会"(great society, wider society)、"商业社会"(commercial society)和"市民社会"(civil society)等概念,并将这些概念在与政府概念相对的意义上加以使用,这与休谟的措辞及用法基本一致。关于社会形态的分类方面,斯密将人类社会的演进划分为四个阶段:狩猎社会、游牧社会、农业社会和市民社会。他赋予市民社会以"经济体"的内涵,将其与政治国家相对立,并同休谟一样认为市民社会在优先性上要先于国家。他"把社会构画成一'经济体'(economy)的图景,即认为社会是一系列相互关联的生产行为、交换行为和消费行为的总和,它有着自己的内在动力和自主性

---

① 戴维·米勒、韦农·波格丹诺:《布莱克维尔政治学百科全书》,北京:中国政法大学出版社,1992年,第688页。

规律"。① 这表明和多数苏格兰启蒙学者一样,斯密也基于文野之别的视角,将人类社会看作一个渐进演化的进步过程,其中,市民社会是文明社会的最高阶段。

斯密的市民社会理论最出彩的地方在于,他从经济学的角度深入分析了英国社会当时的现实状况,对"光荣革命"后资本主义制度下的英国社会结构及其运行机制给出了一套深刻的政治经济学解释。并且,他围绕着自己理想的"自然的自由体系",以经济自由为基点,构建了一套具有强大解释力的政治经济学理论体系。这可从以下几个方面见出:

第一,斯密对市民社会的主体进行了经济学和伦理学考察,将市民社会的成员指认为"经济人"。一方面,和休谟一样,斯密从人的自利本性出发,认定追求个人利益是人们进行经济活动的出发点,利己主义是人们开展社会活动的根本信条。在《道德情操论》中,他把基于个人利益的利己主义称为"自爱"(self-love)。在他那里,利己主义、自利、自爱这些概念都是中性的描述性概念,在原初意义上并不具有贬义色彩。他把这些概念与自私严格区分开来,把自私和贪婪视为同义词并在轻蔑的意义上加以使用。非但如此,利己心不仅不应受到指责,反而应该因其积极的社会作用而被充分肯定。另一方面,斯密强调人的同情心和道德情感。他非常注重道德对"经济人"在市场社会中的经济行为的规范性作用。有人根据他在《国富论》中把人们的行为归结为自利,而在《道德情操论》中将人的行为归结为同情,从而作出"斯密是伦理学上的利他主义,经济学上的利己主义"的判断,由此

---

① 邓正来、J. C. 亚历山大编:《国家与市民社会:一种社会理论的研究路径》,北京:中央编译出版社,1999年,第18页。

提出所谓的"亚当·斯密问题"。① 姑且不论这一判定是否成立,这种说法的提出本身就默认了斯密对德性的重视。在他看来,"经济人"既具有利己的面向,又兼有同情心和诸多美德的面向。和大多数苏格兰启蒙学者一样,斯密高扬"经济人"的德性之维。需要指明的是,在斯密所处的时代,"道德情操"意指本性上自利的人在社会生活中所拥有的克制追求私利欲望的能力。斯密在《道德情操论》中致力于阐明的是,本性上利己的个人如何在资本主义的社会关系和生产关系中,合乎理性地对感情和行为——尤其是自利的感情和行为——进行自我管控,以及在此基础之上构建起合乎规范、秩序井然的社会。② 他在《国富论》中所建构的经济体系,就是以这一道德学说为前提的。

第二,斯密从经济学的角度深入剖析了市民社会的运行机制。作为市民社会主体的"经济人"在利己心的驱动下追求个人私利,在此过程中,"经济人"追求私利的行为会不自觉地产生符合公益的效果。从本质上来说,斯密不仅将人们追求自身利益的"自爱"看成一切经济活动的必要条件,而且还将其视为市民社会运行的动力源泉。他的《国富论》和《道德情操论》即从"经济人"活动的利己主义出发,探讨了人类沉迷于对财富的追求的原因。在这方面,斯密与休谟的看法具有很多一致之处。而先于他二人的启蒙学者曼德维尔有所谓"私恶即公益"的命题,也是对这一观点的早期表达。在市场经济活动中,"经济

---

① 斯密的伦理学和经济学之间其实是存在内在张力的,很难处理。但实际上,它们之间所保持的这种紧张关系,几乎在当时转型期中面对社会新常态的苏格兰启蒙学者身上都可以见到。也正是这种紧张关系,牵引着当时的学者们进行深入的思考。

② 有人认为以斯密为代表的苏格兰启蒙学派极为看重人的道德情感,是道德情感主义者。"情感"概念远比"情操"概念意蕴丰富,因而,斯密的《道德情操论》也应译为《道德情感论》。相关论述参见高全喜:《苏格兰道德哲学十讲》,上海:上海三联书店,2023年,第190页。

人"除了受上述的道德的内在约束,还受到法律的外在规范,以及受分权的政治体制对市民社会的反向影响①。例如,斯密赞同孟德斯鸠有关权力分立的观点,认为它"是'我们能够安全地享受自由、财产和生命的基础',是'现代社会大大优于古代社会之所在'"②。同休谟一样,斯密也认为法律在保障经济活动和维持社会秩序中扮演了积极角色。他认为,权力分立是劳动分工在政治领域的表现,个人自由能够在法律框架下受到保护。斯密对现代资本主义工商业持有积极的乐观主义态度,认为商业文明能够内生出一套优良的司法机制,它对维系商业社会的有序运行能够起到保驾护航的作用。权力分立的政治机制绝不是社会进步必然达到的结果,相反,它只是历史的偶然产物。基于分权思想,斯密认为政府应当扮演"守夜人"角色,其职能仅限于司法、国防和提供必要的公共设施这三个有限领域。后来者将此观点提炼总结为"小政府,大社会",成为古典自由主义的普遍信条。此外,斯密还对中等阶层(而非中产阶级)在市民社会中所担当的角色作出了有益探讨,并论证了市场经济具有极强的自我调节、自我修复能力。

第三,斯密深入探讨了商业对于促进现代社会发展所具有的积极作用。苏格兰启蒙思想家大都相当深入地探讨了商业与自由问题,认识到商业对现代社会的变化所产生的广泛影响,但他们对其结果的正面评价却不尽一致。斯密通过对商业与自由的相互关系的深入分析,

---

① 之所以说是"对市民社会的反向影响",是因为在斯密看来,市民社会先于国家,市民社会的发展会内生出一系列规约市场社会经济行为的规则和体制,在它的基础上,建构起一套合乎市场逻辑的政治秩序,因而,政府或曰政治国家,是由市民社会内生出来的。然而,政府一旦形成,又会反过来对市民社会进行管制,它所制定的政策,对市民社会又有范导性和规范性作用。这一点恰恰是斯密理论视野的超前之处。

② 唐纳德·温奇:《亚当·斯密的政治学》,褚平译,南京:译林出版社,2010年,第91页。

指出商业的发展能够极大地促进个人自由,反过来,对自由的追求也能促进商业的繁荣和社会富庶。一方面,斯密的经济自由主义理论论证了经济自由体制对商业繁荣发展的益处;另一方面,商业社会的出现能够促进自由体制和正义社会的构建。这是因为,商业的发展要求自由而宽松的经济环境和政策,由此为自由的发展提供了一种制度性要求,同时,商业的发展能够从根本上瓦解专制社会的诸种根源,从而促进自由的发展。商业的发展能够削弱人身依附性,促进资源的优化配置和阶层的有序流动。原初封建体制下对土地领主的人身依附关系得以瓦解,取而代之的是纯粹的市场关系,这是一种全新的社会关系,人与人之间平等以待,没有高低、尊卑之别。依附关系的减弱,意味着市民社会成员之独立性的增强。

我们通常所讲的资本主义社会中孤立的"原子式个人",本质上突显了市民社会各成员间的独立性,每个人都是平等的交互主体,但其社会性并未因此而有丝毫削弱。事实上,自由主义者,尤其是古典自由主义者,从未否认个体的社会性,他们甚至极为看重人的社会性面向,这在以斯密为代表的苏格兰启蒙思想家那里得到了充分体现。他们无论是讲利己心,还是讲道德情感,都突出强调它们是在社会诸成员间开展社会交往过程中的主体所具有的情感。经济活动本身就是一种社会性活动,对经济活动主体的探讨自然不能游离于社群之外。因而,要客观地认识古典自由主义学说,有必要克服传统上对"原子式个人"的刻板理解。

虽然斯密高度肯定现代商业文明和市民社会,但他也毫不回避市民社会本身存在的问题。一方面,他指出劳动分工在繁荣商业社会、促进经济增长方面发挥了关键作用,同时也有助于实现个体自由,因而应当鼓励劳动分工,促进分工的精细化;另一方面,他又认为劳动分工同时也产生了负面效应,如弱化人的创造力,使人变得愚笨、无知和思维钝化……这充分说明,斯密既看到了商业社会的到来给人们的生产、生活带来了革命性影响,如对旧有的人身依附和支配关系的消除,也注意到:商业社会本身无法消除压迫,更无法摒弃引发社会冲突的内在诱因,只能将其转化为其他形式表现出来;经济的发展不能以取消德性为代价,也不足以补偿由此而带来的社会损失。这表明斯密在积极拥抱现代资本主义工商文明的同时,也洞察到它内蕴的消极面向,并对此深感忧虑。遗憾的是,他未能对此提供什么奏效的解决方案。总之,斯密对现代资本主义工商文明的乐观和肯定要远远大于悲观和否定,诚如克罗普西所指出的,"亚当·斯密是资本主义的坚定拥护者,他认为这是一个唯一的可将人们引入世俗的、自由社会的制度,因为'商业产生自由与文明'。所以尽管有这些缺陷,我们还是应该接受并拥抱商业社会"①。

  作为一个自由主义者,斯密高度肯定自由在现代社会中的核心价值地位。他所描述和致力于追寻的所谓"自然的自由体系",就筑基于秩序良好的商业社会之上。虽然他的著作处处洋溢着对"自然的自由体系"的偏爱,但他的公共精神又让他不时从社群利益出发,承认"国家的利益应该优先于自然的自由体系"②。斯密所建构的一套自由放任的经济理论,不仅对市民社会的经济运行机制作出了极具说服力的解释和辩护,而且还探讨了商业社会中市场经济活动的道德后果问题。他讨论了市民社会中人们的经济行为可能导致的恶劣后果,例如,单纯讲求利益至上、舍弃道德维度的考量、极易产生庸俗的利己主义和拜金主义,从而引发道德滑坡、价值危机等诸多社会问题。对于

---

① 唐纳德·温奇:《亚当·斯密的政治学》,褚平译,南京:译林出版社,2010年,第81页。
② 唐纳德·温奇:《亚当·斯密的政治学》,褚平译,南京:译林出版社,2010年,第94页。

市民社会所潜藏的消极后果,斯密表达了深深的忧思,并将这种忧思贯穿于整个《道德情操论》之中。他的这些思考,对于我们今天建构良性的市民社会而言,仍然具有重要的启示意义。

## 三、弗格森的市民社会理论

亚当·弗格森(Adam Ferguson)是今天学界公认的第一位以"市民社会"(civil society)为书名的著作家[①]。和休谟、斯密一样,弗格森也基于人性理论,直面当时苏格兰所处的现实经济、社会境遇,明确地将市民社会与国家区分开来,并建构起自己的一套市民社会理论体系。

按照查尔斯·泰勒(Charles Taylor)的说法,中世纪人们的社会观念具有五个方面特点:(1)社会不单指政治组织,而是指称一个宏大的整全结构,政治组织及其权力机构仅仅是整全社会的众多机构中的一种类型;(2)具有精神世界属性的基督教教会世界成为一个事实上的独立的社会,与俗世社会并存;(3)衍生出有关主体性权利的法律观念;(4)相对独立的自治城市的大量存在;(5)中世纪的社会与政治结构直接发生勾连,构成了"两头政治",即君主的统治需要社会各阶层的支持才能展开。[②] 在泰勒看来,近代以来欧洲思想家们有关社会的看法,皆是从这五个方面衍生出来的。其中,占据主流的(同时又是最

---

[①] 弗格森的著作 *An Essay on the History of Civil Society* 可谓影响深远,中文译本书名译为"文明社会史论",而非"市民社会史论",大概是因为弗格森这里的"civil society"是与"野蛮社会"相对而言的概念,是在更为宽泛的意义上来使用的概念,市民社会只是其中的一种内涵。所以,译为"文明社会"更为恰切。

[②] 参见邓正来、J.C.亚历山大编:《国家与市民社会:一种社会理论的研究路径》,北京:中央编译出版社,1999年,第11~12页。

具代表性的)两派是洛克学派和孟德斯鸠学派。洛克学派主要吸收了中世纪社会观念的前两个方面,并在此基础上加以发挥;孟德斯鸠学派主要吸收了后三个方面,形成了自己的社会理论。洛克学派突出社会的独立性面向,认为"社会先于政府而存在……政府尽管可被视为至高无上,但它与社会之间实际上是一种信托关系"[1],强调社会的自组织和自我调整功能;孟德斯鸠学派则更加看重社会与政府的分别,基于分权思想,他们既要求各政治权力机构之间的分立,又主张市民社会与政府之间的相互限制,在法律的框架内寻求相互制衡。这就为市民社会理论注入了一些可操作性强的元素。这两派的一些观点被后来的黑格尔批判性吸收进了自己的市民社会理论之中。

弗格森更倾心于孟德斯鸠学派,同样看重权力的分立与制衡,他认为权力之间的相互制衡是保证个人自由的最有效方式。他说:"在每个国家中,国民的自由取决于国内各部分的均衡和协调一致。而在人类中,任何这种自由的存在都取决于各国间的均衡。"[2]也就是说,只有各种力量达到均势状态,自由才是可能的。基于这种分权和制衡思想,弗格森主张混合政体,认为唯有在混合政体中,君主、贵族和普通民众之间的利益才能维持平衡状态,而"公民自由和公共秩序就存在于这一平衡中"[3]。公民自由的实现和公共秩序的构建,有赖于个人对它们的信仰和实践,自由首先是一种精神,然后才能实现为一种制度。"自由是每个人都必须随时自我维护的权利。……有了这种精

---

[1] 参见邓正来、J. C. 亚历山大编:《国家与市民社会:一种社会理论的研究路径》,北京:中央编译出版社,1999年,第14页。

[2] 弗格森:《文明社会史论》,林本椿、王绍祥译,沈阳:辽宁教育出版社,1999年,第300页。

[3] 弗格森:《文明社会史论》,林本椿、王绍祥译,沈阳:辽宁教育出版社,1999年,第183页。

神,自由人总能和不光彩的行为作斗争,并依靠自己来维护自身的安全。"①一旦每个人都开展维护自身权利的行动,那么司法制度乃至整个社会的基本结构也就随之生成。

弗格森的人性观与休谟和斯密一致,不走极端,持中庸立场,兼具利己心与同情心,认为道德对人的自利行为可以起到规范和引导作用。但弗格森更加强调人性的复杂多样性,在《文明社会史论》中,他说:"至善之中仍有恶,至恶之中仍有善。"②在丰富多样的人性之中,弗格森最为强调的是自我保存的天性、人类联盟的天性、争斗和分歧的天性,认为这三者是人们大多数行为的根源所在。

第一,自我保存的天性。在《道德哲学原理》中,自我保存的天性又被称为"自我持存原则",它是人类最原初的本能欲望,这一法则的具体应用,就是认为人对欲望与私利的追求具有正当性。虽然弗格森在此仿佛肯认了欲望和私利的正当性,但他又反对把欲望和私利作庸俗化的理解,不认为这两个概念就是指物质性和生理需求方面的东西,而是认为利益(interest)既可指与财产相关的东西,又可指某种一般的效用和(能带来)幸福快乐的东西。③"自爱"不仅指对私利或纯粹肉体欲求的追求,而且指对美德、荣誉和智慧的渴求,倘若误将其局限于前者,就必定走向自私,这恰恰是弗格森所反对的。

第二,人类联盟的天性。弗格森也称其为"社会性法则",意指人的社会性。根据这一法则,人们在追求自身利益的同时,也会不自觉

---

① 弗格森:《文明社会史论》,林本椿、王绍祥译,沈阳:辽宁教育出版社,1999年,第293页。

② 弗格森:《文明社会史论》,林本椿、王绍祥译,沈阳:辽宁教育出版社,1999年,第180页。

③ 亚当·弗格森:《市民社会史》,北京:中国政法大学出版社,2003年,第20页。

地谋求他人和群体的利益。"人天生是社会的一员"①,因而,当个人的幸福和自由与整体的利益发生冲突时,个人的幸福和自由必须予以舍弃。② 就弗格森对人的社会性一面的强调而言,他具有浓厚的社群主义色彩,这是他与休谟和斯密的不同之处。

第三,争斗和分歧的天性。虽然人所具有的争斗和分歧的天性可能导向野蛮、冲突和暴力,但弗格森更强调它积极的一面,即导向公民美德。换句话说,正是因为注意到这种天性的负面倾向可能带来的灾难,所以他更加强调德性对它的化约性作用,以此来抵消这种天性可能带来的负面影响,并将人导向文明的方向上来。这也是当时欧洲启蒙时代思想家尤其是苏格兰启蒙思想家极为看重的一点,一种作为现代社会成员必备的公民美德。弗格森极为推崇积极进取的公民美德,鼓励人们积极发挥主观能动性,在他看来,这是市民社会成员应有的精神风貌,也是市民社会不断进步的动力源泉。

通过对以上三种天性的分析,弗格森自认为找寻到了社会秩序的产生和维系以及财富的增长的人性根源。

关于社会的起源问题,同休谟一样,弗格森也批判了社会契约理论,认为不存在契约论者所谓的自然状态,作为契约理论前提的所谓社会状态与自然状态的假设亦不能成立。他认为"自然"即"本然",而社会性又是人的天性之一,因而社会状态也是人的本然状态。在《文

---

① 弗格森:《文明社会史论》,林本椿、王绍祥译,沈阳:辽宁教育出版社,1999年,第62页。
② 当然,弗格森的思想杂糅了今天意义上的自由主义、社群主义以及共和主义等诸多思想资源。这也是苏格兰启蒙学者们共有的特征。这就使得各种思想取向在他们的思维中共存、相互激荡并保持一种必要的张力,也因之而使得他们的思想理论更富有弹性。在他们之后,自由主义、社群主义、保守主义等诸多思潮才被明确加以界分并最终形成。

# 自由与市民社会的关系研究
## ——以黑格尔《法哲学原理》为中心

明社会史论》中,他将人类社会的发展过程描述为从野蛮状态逐渐向未开化再到文雅阶段不断演进的过程,并且把社会的演进过程划分为三个阶段:野蛮(savage)阶段、未开化(barbarous)阶段和文明(polished)阶段。人类历史就是不断从野蛮走向文明的过程。在弗格森看来,社会自身的演进有其自生自发性,其动力机制是生存模式、生产方式和经济关系,它们构成了上层建筑(弗格森明确使用了这一术语)的基础。依据这种文明演化观,弗格森还考察了共和政体、君主政体和贵族政体的起源,得出它们是"人们行为之结果,而非任何人们设计之完成"[①]的结论。

关于法律与自由的关系问题,弗格森亦有所涉及。他对法律在保障民众权利,如财产权和公民自由权方面,以及整个秩序的建构方面,给予了肯定,认为"法律是同一群体成员达成一致的条约,是官、民继续享有权利、维护社会安定的条约。贪图钱财是侵害行为的主要动机,因此,法律主要是与财产问题有关的"[②]。总体上讲,弗格森关于法律的论述与上述两位苏格兰启蒙思想家相比,显然有所欠缺。在《文明社会史论》中,仅在"公民自由"一节附带性寥寥几句一带而过,这足见其在一定程度上轻视了法律在文明社会的建构中所具有的作用。

弗格森较为关注分工问题,并辩证地看待分工的社会作用。一方面,他充分肯定了分工的积极作用,认为分工促进了经济的发展和商业的繁荣,并将分工与人的发展联系起来,凸显了分工在社会发展中的重要作用;另一方面,他注意到分工所引发的消极后果,批评劳动分

---

[①] 亚当·弗格森:《市民社会史》,北京:中国政法大学出版社,2003年,第119页。

[②] 弗格森:《文明社会史论》,林本椿、王绍祥译,沈阳:辽宁教育出版社,1999年,第173页。

工恶化了雇佣关系,导致人的"单向度"发展,造成了人的异化。这一观点对马克思产生了较大影响,在论述分工问题时,马克思就曾多次援引弗格森有关劳动分工引发消极后果的论述。但相对于劳动分工的消极后果,弗格森更看重社会分工的积极效应。他还提出了应对分工所带来的消极方面的救治之法,即企望从调整社会政治秩序入手,培养公民的美德和公共精神。换言之,他表现出一些欧陆传统的孟德斯鸠学派的倾向,注重程序设计,因而给出的矫正社会非正义的方案是注重程序正义,而非实质正义,这恰恰是其市民社会理论屡遭诟病之处。然而,倘若没有程序上的正义,何谈通达实质上的正义?因而,我们不能过多苛责弗格森给出的社会修正方案。

汪丁丁认为弗格森的思想之中存在着一种内在的紧张,"这一紧张关系产生于他所采取的两个基本的立场之间的冲突"[①]。一方面,他遵循英国经验主义的认识论,从事实观察出发推导一般性原理;另一方面,他又是柏拉图古典政治哲学的信奉者,内心存在一个至善的理念作为评判现实社会制度的终极标准。这就导致了他既批判资本主义商业文明所导致的消极后果,又不得不在一定程度上认可休谟和斯密为商品经济缔造出来的工商业文明所作的正面辩解。

一方面,古希腊作为西方人共同的"精神故乡",其先哲柏拉图所塑造的对理念的信仰和对至善的追求,成为西方哲人的共同特征;另一方面,作为生活于现实中的存在,每个存在者都断然不会忽视当下生活经验对自己的冲击。二者并存于所有思想家的意识之中。具体到自由与市民社会的关系上,一方面,人们对自由精神的追求必然要求将自由客观化、制度化,通过确立一套社会制度来保护个人的自由;

---

[①] 弗格森:《文明社会史论》,林本椿、王绍祥译,沈阳:辽宁教育出版社,1999年,"中译本序"第12页。

自由与市民社会的关系研究
——以黑格尔《法哲学原理》为中心

另一方面,现实中所确立的自由或曰自由权,与人们所向往的作为理念的自由相比较,总是存在不完善之处,这就要求人们不断变革现行的社会制度,调整社会的结构,使之朝着良性的方向发展,不断地趋近理想中作为理念的完美的自由观念。

## 四、对苏格兰启蒙学派市民社会理论的总体评价

总体上讲,与17世纪的霍布斯、洛克两位英国先贤相比,苏格兰启蒙学派有自己的特点。霍布斯和洛克对自由的理解主要侧重于政治自由,他们依据自然状态理论论证政府的起源,进而表明政府的根本职责是捍卫个体的自由权利,而苏格兰启蒙学者则主要围绕商业社会中"经济人"的经济自由而展开。之所以有如此迥然相异的理论关切,大抵是因为在他们那个时代,苏格兰已经通过与英格兰的合并而升格为资本主义性质的自由政体,其政治革命已然完成,先进的资本主义政治秩序随之确立起来,但苏格兰的经济、社会发展状况还远远处于落后水平。在此情势下,如何建立一个自由市场,通过自由贸易的方式发展经济,自然成为他们关注的重心。在他们那里,"政治的自由几乎被当作给定的条件,而对经济的自由表现出极大关心"[①],也就显得情有可原了。

苏格兰启蒙运动虽然是欧洲启蒙运动的一个分支,但它与欧洲其他地区的启蒙运动还存在很大不同,尤为重要的是,苏格兰启蒙运动的思想家们对理性的理解与其他启蒙思想家有别。在他们看来,理性并非完全可以信赖的东西,它自身存在一定限度,"理性本身没有本领

---

① 李非:《富与德:亚当·斯密的无形之手——市场社会的架构》,天津:天津人民出版社,2001年,第169页。

创造出来完全合乎理性的未来。理性本身根本就没有这样的能力"①。因而,人们不应对理性盲目乐观,过于自负。虽然他们也肯定理性,但表现得谨小慎微、小心翼翼,时刻提防理性"致命的自负"。有基于此,他们认为法国启蒙思想家高估了理性的能力,误解甚至滥用了理性。始作俑者乃是以"我思故我在"开近代哲学之先河的笛卡尔。笛卡尔运用普遍怀疑的方法论确立了"我思"的绝对可靠性,这个"我思"其实就是人类理性,由此,笛卡尔率先将理性作为人类整个知识大厦的可靠基石。如此说来,道德、文化、社会规范等都必须以理性为标尺。理性一元化的结果是理性取代了上帝,成为一切存在者的创世者,是万物合理性之所在。苏格兰启蒙学派的思想家们则采取了对理性的别样理解,这种别样理解可以说是思想史上的一个重大突破。对他们而言,人类社会和人类文明都是历史演化的产物。对休谟来说,道德规则、社会秩序等并非人基于理性所构造出来的,而是经由演化而来。诚如林毓生所言:"理性本身是与文明的演化互相成长的,理性没有跳出文明之外重新设计文明的本领。因此,一切进步皆必须以传统为其基础,以传统为基础的建设才是切实的建设。我们只能修补改善传统的产品,却没有能力——像全知全能的上帝那样重新创造出来一个崭新的文明。"②苏格兰启蒙学者们当然不认为人类文明是向前发展的,毋宁说,他们提出了一个能够现实地促进人类文明进步的基本原则:"在经由演化而成的丰富的文明之中,我们只能根据其中的某一或某些原则来衡量一些(而非全部)文明的产品,然后决定是否保存、扬弃或改造它们。这是渐进、多元、非整体性的进步原则。"③

---

① 林毓生:《从苏格兰启蒙运动谈起》,《读书》1993年第1期。
② 林毓生:《从苏格兰启蒙运动谈起》,《读书》1993年第1期。
③ 林毓生:《从苏格兰启蒙运动谈起》,《读书》1993年第1期。

## 自由与市民社会的关系研究
### ——以黑格尔《法哲学原理》为中心

可以说,近代以来的英国哲学家,尤其是苏格兰启蒙学派的学者们,致力于将国家与市民社会作出区分的根本目的,是他们追求自由以及捍卫个体的自由权利。他们从人性的复杂多样性出发,既强调人理性的一面,又突出人情感、欲望的一面。这种人性理论显然比欧陆哲学家的理论要更为丰满,后者完全偏向于人的理性一维,而贬抑情感和欲望,从而形成后来哈耶克所说的"理性的自负"。他们从资本主义发展的现实出发,把人看作在现实中从事市场经济活动的普罗大众,这些大众既有崇高的理想和追求,又有现实的情感需要和物质欲求。他们既有对秩序、理性、法律和规则的向往,又有对情感和物质的渴求,这一切构成了纷繁复杂的现代人的矛盾特质,但也正因其矛盾而意义丰满。两个方面并非截然对立,而是相互补充,相反相成。这方面的最具代表者当推苏格兰启蒙学者们,他们没有片面地把市民社会看作经济理性控制下的唯利是图的"经济人"的逐利场域,而是将其理解为在伦理上自足的、具有自我调适能力的整全的人,市场同样可以内生出一套自生自发的秩序以便进行自我调节、自我修复,因而,需要国家介入管控的范围也就不那么大了。市民社会在优先性上先于国家,这是苏格兰启蒙学派共有的观点,也是他们不同于黑格尔市民社会理论的地方。

此外,虽然同属于自由主义思想流派,苏格兰启蒙学派的自由主义与英格兰和法国的自由主义差异极大,具体来说就是苏格兰传统强调社会的自发秩序,把市场交换活动看作人与人之间的一种沟通方式,这是苏格兰启蒙学派思想独有的特性。基于对英格兰较为发达的商品经济和成熟的市民社会的认识,苏格兰启蒙学者们洞察到,市民社会的基础是根植于资本主义生产方式的市场经济,市场经济的产生与发展必然催生出市民社会的形成与发展,其内在特征亦会在市民社会运行中外现出来。例如,人们对自由的诉求客观化为提倡自由贸易,自生自发的秩序表现为市民社会的自组织能力,同业公会即可被视为市民社会成员内部的一种自组织机构。政治国家与市民社会两相分离是资本主义市场经济发展的内在要求,这才能适应商品经济发展对自由的要求。同时,由于市民社会是陌生人社会,它必然诉诸具有中立价值和普遍性的规则、法律,借以约束和规范市民社会诸成员的经济行为,保证市场经济活动的有序开展。在具有利己心的个人所组成的社会中,社会纽带的维系、经济活动的正常运行都需要客观规则和法律的他律以及主观道德的自律。市场经济所带来的负面影响,如唯利是图的庸俗拜金主义、公民公共精神的缺失……这些市民社会的固有缺陷也都引起了苏格兰启蒙学者的关注,他们从不同角度作出了探讨,提供了若干初步的应对措施。遗憾的是,这些措施的现实效用极为有限,市民社会衍生出的诸多问题很难获得一劳永逸的解决。矛盾和冲突是超历史的存在,但正是在矛盾的不断产生与解决的运动中,社会不断向前发展。无论如何,苏格兰启蒙学者向后人敞开了一个开放而宏大的问题域,启发着人们积极寻求解决现代社会症结的方案。

## 第四节 斯密的文明观及其对市民社会独立性的确证

众所周知,恩格斯对马克思创立的唯物史观有过一个经典总结:"人们首先必须吃、喝、住、穿,然后才能从事政治、科学、艺术、宗教等等;所以,直接的物质的生活资料的生产,从而一个民族或一个时代的一定的经济发展阶段,便构成基础,人们的国家设施、法的观点、艺术

95

## 自由与市民社会的关系研究
### ——以黑格尔《法哲学原理》为中心

以至宗教观念,就是从这个基础上发展起来的……"①这一朴素却直观的总结表明,在唯物史观看来,政治、科学、艺术、宗教等一切人为构建的文明,必定以一定的物质生产和生活资料为基础。事实上,在西方现代早期物质基础之于人类文明演进的重要性,就已经被一些思想家所意识到并作出明确探讨,这些理论成果在很大程度上启发了后来的马克思。在1843年的《黑格尔法哲学批判》中,青年马克思通过对"市民社会决定政治国家"这一著名命题的论证,深入阐释了市民社会对于建构现代社会的决定性作用,以及丰富的物质资料对于建构现代文明的基础性意义,这在其唯物史观形成过程中具有里程碑的意义。青年马克思对于市民社会作为现代文明之物质基础的重要性的认识,直接受益于黑格尔,间接获益于以斯密为代表的苏格兰启蒙学派,由此足见苏格兰启蒙学派的文明观具有重要的思想史意义。因而,在此有必要重点考察一下斯密的文明观及其对市民社会独立性的确证。

苏格兰启蒙学派在现代西方思想史上具有较为独特的意义,甚至有人将这一群体视为现代世界(包括文明)的"发明者",他们所开展的苏格兰启蒙运动"不仅创造了观念的现代性,而且也在政治学、经济学、道德科学、哲学、历史、宗教、艺术、工程、数学、自然科学、医学等很多方面为欧洲文化,也为人类文化的发展增添了光彩,更为重要的是,它塑造和建构起了一个现代社会"②。这种观点或许有将该学派的历史作用夸大之嫌,但它确乎在一定程度上凸显了该学派在人类社会现代化进程的推进和现代文明塑造方面所作出的独特贡献。同处于现代化的开端处,以洛克为代表的英格兰启蒙思想家聚焦于政治层面,

---

① 《马克思恩格斯文集》第3卷,北京:人民出版社,2009年,第601页。
② 阿瑟·赫尔曼:《苏格兰:现代世界文明的起点》,启蒙编译所译,上海:上海社会科学院出版社,2016年,"中文版序"第ⅱ页。

擘画了现代政治国家应有的制度模式,最终塑造了现代社会的政治文明形态。紧随其后的苏格兰启蒙学派在 1707 年苏格兰与英格兰合并的大背景下,直接继承了这一政治遗产,并在此基础上,将对现代社会与文明的思考转向社会经济层面,探究资本主义市场经济活动的运行机制和道德正当性所在,由此形成了别具一格的现代文明观。

苏格兰启蒙学派的文明观,最显著的特征在于他们高度重视物质财富在现代文明建构中的基础性地位,这在斯密那里得到了明确体现。和其他苏格兰启蒙学派思想家一样,斯密对现代文明的思考有着浓厚的时代烙印和明确的现实指向。一方面,苏格兰思想家们面对的是被英格兰思想家所给予的现代世界,后者已经筑牢了现代文明的政治基础,使得他们只得在其他方面另寻推进现代文明建构的路径;另一方面,苏格兰长期处于贫穷落后的境地,而英格兰则享受着"光荣革命"后资本主义大发展所带来的富庶与繁荣,两相比较之下,苏格兰人对现代性最直观和深刻的感受,就是现代资本主义带来了物质上的丰裕。这在很大程度上塑造了他们的文明观。

斯密文明观的一个重要特质是在文明与野蛮之别的比较视域中,凸显现代文明相较于前现代的优越性。虽然在《国富论》中,他将人类社会发展阶段划分为渔猎社会、游牧社会、农耕社会和工商社会四个阶段,但很多时候,他不愿将处于早期阶段的落后文明,如渔猎社会和游牧社会,称为真正意义上的文明社会,而是称为"未开化社会"或"野蛮社会"。[1] 他甚至将一个社会在物质上的富足抑或贫乏,与文明抑或野蛮直接对应起来。[2] 因而,在他那里,物质财富的丰裕程度成为

---

[1] 参见亚当·斯密:《国富论》,郭大力、王亚南译,北京:商务印书馆,2019 年,第 5、41、746 页。

[2] 参见亚当·斯密:《国富论》,郭大力、王亚南译,北京:商务印书馆,2019 年,第 235~236 页。

衡量一个社会是否文明的主要标准。而由于资本主义工商社会生产出了比以往任何历史时期都要多得多的物质财富,被斯密视为真正现代意义上的文明社会,也是他理论致思的对象。

资本主义何以能够产生如此丰裕的物质财富?斯密给出了两个原因。一是人性论的原因。虽然斯密也认同人是理性的存在者的说法,有所谓"理性的经济人"的表述,但他更加看重激情和欲望在经济活动中的主导作用。一方面,物质性欲望是人最基本的欲望,是人天然的动物本能,理应获得承认和尊重,倘若没有物质性欲望,那么人自身的生存就成了问题。另一方面,人们天然地拥有对财富的激情,通过追求财富而获得一定的社会地位,也是个体获得他人承认的一个主要途径。[1] 事实上,每个人对自身物质利益的追求和对财富的激情,才是经济活动持续开展的原动力。但人性兼有自利和利他的面向,个体受"看不见的手"的指导,"他追求自己的利益,往往使他能比在真正出于本意的情况下更有效地促进社会的利益"[2]。换言之,追求私利最终导向促进公益的积极效果,这意味着人的自利行为不仅具有天然的道德正当性,而且还能够产生促进社会公益的积极效应。由此,斯密为现代商业文明的发展提供了人性基础。二是分工的原因。虽然个人对自身欲望的追逐是商品生产的原动力,但物质财富丰裕的根本前提是精细化的劳动分工,唯有劳动分工才最终实现了生产力的巨大

---

[1] 在《道德情操论》中,斯密对人类为何沉湎于追求财富的解释,就立基于人性之上。他认为,一是出于人们实现和维持其社会地位的心理需要,二是人性本能上迷恋发明、改良和创新。参见亚当·斯密:《道德情操论》,蒋自强、钦北愚等译,北京:商务印书馆,2020年,第61~63、227、232页。

[2] 亚当·斯密:《国富论》,郭大力、王亚南译,北京:商务印书馆,2019年,第428页。

跃迁,从而累积了庞大的物质财富。斯密说:"分工一经完全确立,一个人自己劳动的生产物便只能满足自己欲望的极小部分。他的大部分欲望,须用自己消费不了的剩余劳动生产物,交换自己所需要的别人劳动生产物的剩余部分来满足。于是,一切人都要依赖交换而生活,或者说,在一定程度上,一切人都成为商人,而社会本身,严格地说,也成为商业社会。"①也就是说,由于个人生产能力的有限性,为满足多样性欲望,只能通过市场交换活动来实现,每个人都是商人,社会也因此成为商业社会。简言之,分工最终导致商业社会的产生和商业文明的出现。

在现代文明演进的视域中,斯密把物质财富的基础性置于极为关键的地位。在他看来,丰裕的物质财富是实现个体的安全和自由的根本前提。因此,他的政治经济学总的问题意识是如何实现"富国裕民"。他给出的最终方案是一种自由主义的方案,即市场要保有相对于政治国家而言的"独立性",政府不得干预市场经济的独立运行。为此,他为政府的职能范围划定界限,认为政府职能有三:一是保护本国社会安全,二是设立严正的司法行政机构以保护人民,三是建立服务性质的公共设施和公共工程。② 除此以外,政府不得对市场作出任何干预,只以"守夜人"的身份为市场经济活动保驾护航。这实质上就是对市民社会与政治国家作出严格区分。在这种区分中,斯密还隐含了将市民社会置于政治国家之上的意味,是市民社会决定着国家,它才具有人的社会实践活动的内在必然性和目的。因为个体在市民社会中对物质利益、私人财产的追求行为,直接导致了市民社会的发展和

---

① 亚当·斯密:《国富论》,郭大力、王亚南译,北京:商务印书馆,2019年,第19页。
② 亚当·斯密:《国富论》,郭大力、王亚南译,北京:商务印书馆,2019年,第661、678、691页。

物质财富的丰裕,进而为现代文明创造物质条件,而政治国家不过是在此基础上才形成的。

总之,以斯密为代表的苏格兰启蒙学派的现代文明观有两个显要特征:第一,它以人性论为其哲学基础,从物质性欲望是人性中不可或缺的构成内容出发,为现代人通过参与市场经济活动获取私有财产的正当性和合法性作出了道德辩护。第二,现代文明的主语是个体性的人。人们经由物质性欲求而开展的市场活动,不仅极大地丰富了人们的物质财富,而且也相应地实现了个体的安全和自由,这是二而一的东西。赋予市民社会相应的独立性,对政治国家予以必要的限制,给市民社会以充足的发展自主性,是实现现代文明持续演进的必然要求。这是包括斯密在内的苏格兰启蒙学派的洞见和成就所在。

# 第三章

# 黑格尔的自由谱系与现代社会结构的生成

在第一章,我们已就西方思想史上前黑格尔时期的一些重要思想家的自由理论作出简要梳理,由此厘清了理性主义和经验主义这两种自由观。这两种自由观展现出人们对自由采取了不同的理解路径,也都展现出不同时期、不同地域上,人们对自由的理解并未停留在抽象的思辨层面,而是与现实的生存实践紧密相关,总是表现出寻求自由理念现实化的强烈愿望。越是到晚近,这方面的表现越是明显。我们不能借用柏拉图的理念与现实的模仿关系说,将人们在现实中追求自由的行动以及客观化了的自由体系,视为对其所构想的自由理念的模仿。因为这显然是一种理性主义的理解路径,是一种建构理性主义的话语和理性自负的表现,必定会遭到经验主义者的责难。后者会反驳说,客观的自由体系是人们追寻自由的过程中自发地演化出来的,绝非人为设计的结果。总之,在自由与现实——更具体地说是市民社会——的关系究竟是理性设计的结果还是自然演化的结果这一问题上,分别持有这两种自由观的人们难分伯仲。无论怎样,对自由的美好想象,总是牵引着人们开展生存实践,最终建构起现代性的市民社会,这一点必定是为两派所共享的观念。

## 自由与市民社会的关系研究
### ——以黑格尔《法哲学原理》为中心

有学者认为"自由概念居于黑格尔哲学的中心"[①],即自由是黑格尔哲学中最为重要的概念。这一过于强硬的说法,未必能得到人们的普遍认同,但有一点是确凿无疑的,即自由概念是黑格尔哲学中的一个核心概念,"他提出了对现代——也就是宗教改革之后——自由的最复杂、最深刻的理解"[②]。可以说,黑格尔之所以能够对自由作出如此复杂和深刻的理解,主要是因为他批判性吸收了前黑格尔时期的理性主义和经验主义两种自由观,并把二者统合进自己的哲学体系之中,最终形成了一个系统完备的自由体系。在本章中,我们将紧紧围绕黑格尔的《法哲学原理》一书,深入剖析其自由思想,重点是详尽阐述黑格尔是如何"把他的社会和政治分析整合成为一个无所不包的自由体系"[③]的。同时,我们还会探讨一个今天备受学界关注的话题,即自由主义的核心概念是自由,无论是英美经验主义取向还是欧陆理性主义取向的政治自由主义者,都把自由概念作为他们的核心理论关切,那么,既然黑格尔也将自由视为其哲学的核心概念,是否可以把他也归入自由主义者的行列?

---

① 斯蒂芬·霍尔盖特:《黑格尔导论:自由、真理与历史》,丁三东译,北京:商务印书馆,2013年,第288页。
② 斯蒂芬·霍尔盖特:《黑格尔导论:自由、真理与历史》,丁三东译,北京:商务印书馆,2013年,"中文版序言"。
③ 斯蒂芬·霍尔盖特:《黑格尔导论:自由、真理与历史》,丁三东译,北京:商务印书馆,2013年,第288页。

# 第一节
## 作为"自由主义者"的黑格尔

一直以来,黑格尔究竟是自由主义者还是保守主义者的问题,是学术界广为讨论的热门话题。很长时期内,绝大多数论者将黑格尔归为保守主义者和国家主义者,认为黑格尔的政治哲学高度推崇政治国家,将个人置于国家的强权之下,这与主流的英美自由主义的立场相悖。他所谓"哲学具有公众的即与公众有关的存在,它主要是或者纯粹是为国家服务的"[①]的观点,被认为是体现黑格尔作为官方哲学家对普鲁士官方奴颜婢膝的力证,明白无误地表明了他的保守主义政治立场,因而屡遭后人诟病。更有人将黑格尔与20世纪德国法西斯主义联系起来,认为黑格尔的国家主义思想是后来德国法西斯主义的一个重要思想来源。那么,究竟如何判定黑格尔是不是一个自由主义者呢?

首先,对于黑格尔的"哲学是为国家服务的"的观点,我们应该首先区分"国家"与"政府"之间在含义上的差别。"国家"本身是一个民族共同体,它并无阶级上的意味,无所谓谁对谁的压迫,因而黑格尔的上述观点可以理解为哲学是为一个民族共同体更好地存续和发展服务的,"政府"则是从统治阶级的立场出发所作的表述,因而带有阶级的倾向性。黑格尔用"为国家服务的"的表述,只是表达了他所理解的哲学与现实的关联性,并无政治倾向的表露。作为西方哲学发展史上

---

① 黑格尔:《法哲学原理》,范扬、张企泰译,北京:商务印书馆,2013年,"序言"第8页。

**自由与市民社会的关系研究**
——以黑格尔《法哲学原理》为中心

的一座高峰,黑格尔的哲学理论深刻地蕴含着发端于古希腊的"逻各斯精神"和"努斯精神",这两种精神因素贯穿于黑格尔的整个哲学体系之中。①"努斯精神"是一种否定性、革命性的精神,它在黑格尔的哲学中体现为否定性的辩证法。因而,要理解黑格尔的真实含义,不能只看他表面说了什么,还要把他的所说置于其整个思维体系中加以理解。在《法哲学原理》中,黑格尔为人们描绘出一个理想的君主立宪国家架构及其运行机制,这些显然是与当时普鲁士政府保有较多封建残余的专制统治相悖的。对理想状态的描绘本身就暗含了对现实统治的不满和批评。循着这个思路,同时代的德国思想家海涅正确地解释了黑格尔"凡是合乎理性的都是现实的,凡是现实的都是合乎理性的"这一著名论断,恩格斯同样也揣度出黑格尔这一命题的革命性。总之,无论怎样,从黑格尔哲学所惯有的辩证性和隐含义来讲,我们对他的"哲学是为国家服务的"观点的这种理解,可以作为对他真意的一种解读,至少是可备一说。并且,这种解读与他的哲学体系是融贯的。因而,与其说他是保守主义者,不如说他是充满理性精神的激进主义者。

其次,应当明确自由主义的确切内涵。如果将自由主义理解为以个人自由的核心价值之实现为其主要追求,以方法论上的个人主义为其哲学基础的话,那么一般所说的英美政治自由主义才是严格意义上的自由主义。黑格尔方法论上的整体主义显然与之相悖,他将社会而非个人视为在本体论和发生学上具有优先性,社会才是最本质的实体。个人的自由只有在社会中才能实现,没有社会的自由就无所谓个人的自由。就此而言,我们可以毫无疑问地将黑格尔排除出自由主义

---

① 参见邓晓芒:《思辨的张力:黑格尔辩证法新探》,北京:商务印书馆,2016年,第60页。

## 第三章 黑格尔的自由谱系与现代社会结构的生成

哲学家行列。然而,如果仅仅以是否将自由(无论是个人自由还是社群自由)作为核心价值观念来评判是否为自由主义理论的话,即从宽泛的意义上谈论自由主义,那么黑格尔的理论无疑是自由主义的。自由是黑格尔哲学体系中的一个核心概念,在与谢林的通信中,黑格尔坦言,"理性和自由永是我们的口号"[①]。在《法哲学原理》中,黑格尔对普遍性与特殊性的统一问题所作的探讨,在我们看来,事实上就是用自己的语言来表达他对个人自由与社会自由之统一的认识,换言之,整部《法哲学原理》都是围绕着如何实现个人自由与社会自由的统一这一中心问题而展开的。他对古典自由主义的一些理论——如社会契约理论等——提出批评,指出洛克式的客观自由和康德式的主观自由的致命缺陷,属于较低层次的自由,只有统一二者的现实自由才是真正的自由。他的法哲学就是致力于厘清前人自由理论的不足,在此基础上建构一个全新的自由理论体系。现代国家的社会和政治机制其实就是这种自由的现实化,个人自由与社会自由的统一是设计现代国家制度架构的根本出发点和落脚点,因而是黑格尔法哲学理论的一个核心问题。在他看来,只有在国家实体中才能实现个人的真正自由,他的法哲学就是要对此给出详尽而有说服力的论证。与同时代的其他学者相比,黑格尔更直接地提出了一个极富有现代性特征的问题,并试图作出理论的解决。虽然他的这种解决方案饱含争议,但不失启发性。当代自由主义者和社群主义者们,均从他这里汲取了丰富的思想资源,继续对这一问题进行深入探讨。

随着历史的变迁,当代英美自由主义理论也注入了新的因素。不同于古典自由主义的当代自由主义,本身是在充分吸收了古典自由主

---

[①] 苗力田译编:《黑格尔通信百封》,上海:上海人民出版社,1981年,第38页。

义及其批评者相关思想的基础之上形成的,它们既保有视个人自由的实现为最高追求的根本理论特质,又承认国家的合理运行对个人自由的实现具有积极的作用。当然,当代自由主义所谓国家指的是现代社会中弱的意义上的国家,其职责范围必须具有限度,其权力必须分散,而且不能逾越自身的职能而对个人权利和自由横加干涉。有基于此,当代西方自由主义的杰出代表罗尔斯对黑格尔作出如下评价:"我把黑格尔解释为一位温和进步的、改革取向的自由派,我把他的自由主义看做是《自由之自由主义》中的道德和政治哲学的一个重要的范例。"[①]因而,从当代自由主义的视角观之,将黑格尔划归为自由主义哲学家的做法同样可以赢得许多自由主义者的赞同。

综上所述,从广义的自由主义来说,我们将黑格尔归为自由主义者,也就显得名副其实了。同时,我们有必要接续这一问题,深入阐述黑格尔在《法哲学原理》中所建构的系统的自由理论,借以阐明作为自由主义者的黑格尔对自由的理解,与一般意义上的英美自由主义者对自由的理解之间,是否存在一定的关联,以及他们的相异之处何在。这是我们为接下来所要讨论的自由和市民社会之间关系作出的必要准备。

# 第二节
## 自由现实化的诸环节与社会规范的诸形态

《法哲学原理》是黑格尔《精神哲学》中"客观精神"部分的细化。

---

[①] 约翰·罗尔斯:《道德哲学史讲义》,顾肃、刘雪梅译,北京:中国社会科学出版社,2012年,第288页。

## 第三章　黑格尔的自由谱系与现代社会结构的生成

黑格尔认为,绝对精神必须从主观精神出发,经由客观精神才能进渡到绝对精神,实现对自我的真正认识,因而,客观精神是一个必不可少的环节。主观精神关涉人的自我意识;客观精神接续主观精神,讲的是自由意志的具体化,它作为法的哲学,体现为社会政治制度。有一种说法认为,所谓 political philosophy 是在英美自由主义传统的语境中使用的,对欧陆传统来说,欧陆思想家使用"政治哲学"这一术语是较为晚近的事。这是因为在很长一段时期内,许多哲学家在探讨相关问题时,使用的是法律哲学或法的哲学等概念。黑格尔同样如此,在英美思想家看来,他的《法哲学原理》就是一部政治哲学专著。[①] 他从自由意志出发,推演出法律、道德以及家庭、市民社会和国家这三种伦理实体,在此基础上对现代社会制度体系的产生和运作机制提出了一套富有解释力的理论。

黑格尔终其一生都在关注自由问题,他在多部著作中都表达了对自由问题的关切,并作出了富有创见性的探讨。一般来说,要弄清自由概念在黑格尔整个哲学体系中的重要地位,我们就不得不详细地梳理黑格尔在各著作文本中关于自由的讨论,厘清各文本中自由的主要内涵,然后再综合起来,给出一个科学的理论定位。这是从整体上来把握黑格尔自由概念的做法,也是解释学提倡的,要理解部分,必得把握整体。然而,欲要把握整体,又不得不理解整体的"解释学循环"。唯其如此,才能真正明晰自由在黑格尔那里的确切意涵。在这里,我们认同罗尔斯关于黑格尔《法哲学原理》中自由概念的说法,即在《法哲学原理》中,黑格尔通过严密的逻辑推理,以自由和法为基础性概

---

[①]　德语中的"Recht"既有"法"的含义,又有"权利"的含义。英语世界在翻译黑格尔的法哲学著作时,通行的译法是将其译为"philosophy of right",而非"philosophy of law",这表明在他们看来,黑格尔的法哲学就是权利哲学。

念,构造出一个完整的自由体系。并且,《法哲学原理》中所建构的自由体系与黑格尔其他著作中关于自由的讨论并不相抵牾。就此而言,我们可以说,《法哲学原理》中的自由体系是可以自我支撑的。换言之,撇开黑格尔的其他著作不论,仅在《法哲学原理》这一论著中,黑格尔用他的一般性概念,推演出一套逻辑严密而自成体系的自由谱系。他说:"法哲学这一门科学以法的理念,即法的概念及其现实化为对象。"[①]而"法的理念是自由"[②],因而,法哲学是一门以自由为对象的科学。就此而言,黑格尔的法哲学就是研究自由的学问,黑格尔围绕着自由概念构建起一个整全的自由谱系,在这个谱系中,自由是一个能动的、积极追求自身现实化的主体,它的现实化行动衍生出法、道德和伦理这三种形态,同时也是自由现实化的三个环节,每个环节内部又可区分为由低阶向高阶的演进,由此展现出一个内容丰富的自由概念星丛,它们从主观和客观方面,共同规范着人的现实生活和行动,由此架构起现代社会的诸种规范乃至政治制度。

## 一、自由与意志

我们在第一章既已指明,人是否拥有自由意志的问题一直是西方哲学史上富有争议的话题。承认人有自由意志的哲学家将自由意志视为人道德实践的来源,而反对者亦即意志决定论者则不承认人拥有自由意志,认为人的行为根本上是由外在的因素——如上帝、外在环境条件等——决定的。黑格尔显然属于承认自由意志的这一类哲学

---

① 黑格尔:《法哲学原理》,范扬、张企泰译,北京:商务印书馆,2013年,"导论"第1页。
② 黑格尔:《法哲学原理》,范扬、张企泰译,北京:商务印书馆,2013年,"导论"第1~2页。

## 第三章　黑格尔的自由谱系与现代社会结构的生成

家。在他看来,人拥有自由意志是一个客观事实,自由意志是人们一切行为的最终根据。

将自由理解为自由意志的做法是大多数理性主义者共有的特征,中世纪的奥古斯丁,近代的笛卡尔、卢梭和康德等人均是如此。而经验主义流派的哲学家则拒斥这种理解,甚至慎言意志一词,霍布斯、洛克为其代表。至于像休谟这样的哲学家则是独树一帜,他将自由划分为心理学上的自由和形而上学上的自由,对心理学上的自由而言,自由意志是存在的。与之相比,黑格尔对自由意志的理解亦有独到之处。一方面,他延续理性主义前辈的做法,从意志的角度来理解自由,认为意志是一种能力,自由是其本质特征。但他又反对证明自由意志的做法,而是"直截了当地把自由当作现成的意识事实而对它不能不相信"①。另一方面,他所谓的意志又有特异之处,即他并未将意志理解为与其他能力相并列的一种能力(如笛卡尔),而是将其视为自由本身,意志与自由不能相互分离,二者必须结合起来才能真正被理解。②在他看来,"自由是意志的根本规定,正如重量是物体的根本规定一样"③。既然"物质就是重量本身。重量构成物体,而且就是物体",那

---

① 黑格尔:《法哲学原理》,范扬、张企泰译,北京:商务印书馆,2013年,"导论"第11页。

② 黑格尔对意志的理解还明显受到卢梭的影响。在《法哲学原理》的国家部分,尽管他不赞同卢梭的做法,即把国家看作多数人的共同意志之间的联合,这种借助结合而成的契约导致国家的基础带有强烈的任意性和反复无常色彩。他认为卢梭并未彻底揭示法权和意志之间的关系,但他显然在很大程度上受到了卢梭有关意志思想的影响。黑格尔还隐晦地表达了对卢梭在《社会契约论》和《论人类不平等的起源和基础》中对意志强调的认可,认为卢梭是第一个根据"思维本身"来理解法权的人。

③ 黑格尔:《法哲学原理》,范扬、张企泰译,北京:商务印书馆,2013年,"导论"第11页。

# 自由与市民社会的关系研究
## ——以黑格尔《法哲学原理》为中心

么,"自由和意志也是一样,因为自由的东西就是意志。意志而没有自由,只是一句空话;同时,自由只有作为意志,作为主体,才是现实的"。[①] 也就是说,黑格尔认为自由和意志是同一个东西。

在将意志和自由等同起来之后,黑格尔进一步指明作为客观精神的法哲学中精神与意志这两个核心概念之间的关联。因为"精神一般说来就是思维"[②],所以精神与意志的关系也就转化为思维与意志的关系。黑格尔认为,意志与思维"不是两种官能,意志不过是特殊的思维方式,即把自己转变为定在的那种思维,作为达到定在的冲动的那种思维"[③]。人的思维有理论的要素和实践的要素之分,而意志就是思维的实践要素,是要把自己实现出来的那种思维。紧接着,在"导论"部分的第5、6、7节,黑格尔谈论了意志的三种要素:"纯无规定性或自我在自身中纯反思的要素";自我"从无差别的无规定性过渡到区分、规定和设定一个规定性作为一种内容和对象",亦即自我外化为一般定在的要素;自我"经过在自身中反思而返回到普遍性的特殊性——即单一性"的要素。[④] 第一种要素是意志的抽象普遍性,第二种是特殊性,第三种则是单一性。这三种要素遵循黑格尔"正—反—合"三一式的辩证关系,前两种要素都是意志的片面性规定,但又是其达到自我认识和实现的必不可少的环节,只有经由这两个环节,通过自我在自身中的反思才能达到具体的单一性,实现自我自行对自己规

---

[①] 黑格尔:《法哲学原理》,范扬、张企泰译,北京:商务印书馆,2013年,"导论"第11~12页。

[②] 黑格尔:《法哲学原理》,范扬、张企泰译,北京:商务印书馆,2013年,"导论"第12页。

[③] 黑格尔:《法哲学原理》,范扬、张企泰译,北京:商务印书馆,2013年,"导论"第12页。

[④] 黑格尔:《法哲学原理》,范扬、张企泰译,北京:商务印书馆,2013年,"导论"第13、16、17页。

定。这是一个辩证的运动过程,意志就是通过这几个环节的辩证运动所实现的统一。

总之,黑格尔关于自由的探讨从意志出发,而意志又是主体的意识——亦即思维——之一种,因而,他实质上是以精神的内在自由为出发点,并以此推演出财产、契约、不法、刑罚、道德、家庭、市民社会和国家这些概念。这是内在自由的一种外化、现实化过程。黑格尔认为,主体的内在自由必然会要求——当然也能够——在现实世界中得到实现。人们对自由的追求过程,就是自由本身现实化的过程,二者是二而一的关系。

## 二、自由的三个层次

从意志的三个要素出发,黑格尔区分了三种自由,即抽象的自由、任意的自由与具体的自由。由于他认为这三种自由是层层递进的关系,是摆脱自由的片面性而逐步过渡到具体的自由这种自由的真实状态,我们又可将其称为自由的三个层次。

### (一)抽象的自由

抽象的自由是自由的最低层次。之所以把这类自由作为最低层次的自由,是因为黑格尔所讨论的自由是对人而言的,抽象的自由首先就把人与动物区别开来,因为它讲求人能摆脱一切,否定一切,乃至放弃自己的生命,从一切特殊性和规定性中抽象出来。这种自由所有人都具备,最容易获得。

意志的纯粹无规定性是一种抽象的普遍性,它可以摆脱一切出于本性的欲望、冲动的限制,达到没有规定和限制,因而是绝对的可能性。这种自由的纯粹理论上的宗教表现是印度宗教的冥思性狂热,现实性的表现则是破坏一切现实秩序的狂热,如法国大革命中人们对抽象的自由的激进追求。它希求一切,但又不停留于某一个客观定在,而是对抽象性本身的执着。一俟摧毁掉现存的秩序,产生出新的秩序,又发现它同样是不完满的特殊性,与自己当初所追求的普遍性有别,从而只得继续发泄破坏性的愤怒。这种对抽象的普遍性的追求,实质上是一种否定的活动,因而,抽象的自由又可称作否定的自由,它是一种片面的自由形态,只是停留在空虚和抽象的层面。

## (二)任意的自由

任意的自由即任性。抽象的自由是无规定性的,任性则是一种规定,它有了一定的追求目标,它设定某种内容和对象作为自己的规定。这种自由和抽象的自由一样是否定性的,但又不是盲目的否定。如果说抽象的自由是人在面对有无限种可能性可供选择的情况下,没有选择任何可能性来结束自己的无限定性,因为选择其中任何一种即意味着被该种可能性所规定和限制,从而放弃了自己的无限性,陷入不自由状态,黑格尔称这种自由只是"希求(自己)而已"的自由,那么任性就是从这无限多的可能性中选择一种,黑格尔称其为"不光希求而已,而且希求某事物"[①]。它是凭借自己的意志自愿作出的选择,因而是自由的。黑格尔称这种自由是任性,它是意志的特殊化。人们任由自己的意志,依据自己的喜好、脾性或其他缘由进行选择,一旦选定某一对象,任性的自由便会执着于对这一对象的追求,不顾一切外在的阻碍去实现它。因而,任性的自由是一种积极追求某一目的的自由。

虽然任性是比抽象的自由更高层次的自由,但"正如特殊一般地

---

[①] 黑格尔:《法哲学原理》,范扬、张企泰译,北京:商务印书馆,2013年,"导论"第17页。

包含在普遍中一样,这第二个环节(任性——笔者注)已包含在第一个环节(抽象的自由——笔者注)中,它只是第一个环节中自在地存在的东西的被设定而已"①。换言之,抽象的自由本身包含着任性,人们既然能够否弃所有选择的可能性,那么他自然也就拥有从所有可能性中选取一种作为自己追求对象的能力。同时,任性是对抽象的自由的无规定性的否定,因而是作为与抽象的自由相对立的形式而存在的。和抽象的自由一样,任性也是片面的自由,并不是真正的自由,也不是自由的全部。要想达到真正的自由,必须使自由现实化,即达到具体的自由。

### (三)具体的自由

在黑格尔看来,具体的自由才是真正的自由,它是前两个环节——抽象的自由和任性——的统一,是自由的最高层次。一方面,人希求并选择了某一被规定的对象,由此对自我进行了限定;另一方面,虽然人拥有了具体的内容、目的,但又不被这一内容和目的所束缚,而是在有限的他物中仍能认识到无限的自己。表面上人处在他物中,实质上仍然处于自身之中,而未迷失在对象中,因而是在特殊性中认识到普遍。这就是黑格尔所说的"既守在自己身边而又重新返回到普遍物"②。具体的自由就是在经过主观的抽象的自由和客观的任性自由之后所达到的主客观统一的现实自由。自我通过在具体对象中进行反思,达到了对自我的真正意识,这种扬弃了主客观之片面性的自由才是真正的自由,它才是黑格尔所追求的。

---

① 黑格尔:《法哲学原理》,范扬、张企泰译,北京:商务印书馆,2013年,"导论"第 16 页。
② 黑格尔:《法哲学原理》,范扬、张企泰译,北京:商务印书馆,2013年,"导论"第 19 页。

在"导论"中，虽然黑格尔认为具体的自由是最高层次的自由，但是他却给予任意的自由以最多的关注。任意的自由可分为形式的和内容的两个方面。形式的方面指的是欲望，内容的方面指的是所欲的目的本身。任意的自由就是为所欲为，人们受欲望、情感和冲动的驱使，不顾一切地去追求设定的目标。在现实生活中，这种任性的行为常常受挫，任意的自由的形式方面和内容方面常常两相对立。人的任性在形式上是自由的，可以为所欲为，但内容上却受束缚，目的总是无法达到，因而并不自由。就此而言，任意的自由还只是自由的低级层次，并不是真正的自由，有待进一步提升。其提升方式是将诸多欲望、冲动圈定到一个合理的体系之下，这就是法，因而，法实质上是对人内在的欲望和冲动的规范。

需要指明的是，黑格尔在"导论"中区分的三种自由，与他在正文中所讨论的"抽象法""道德""伦理"三个部分并非一一对应的关系。抽象法讲的是权利，它是客观的自由；道德是主观层面的自由；伦理则是主客观统一的现实自由。

## 三、自由与抽象法

在黑格尔看来，洛克以及苏格兰启蒙学派这些英国古典自由主义者对自由的理解偏向于权利，对物的权利(亦即所有权)只是停留于物本身，没有在物身上看到自我的存在。本质上讲，这种理解是出于人自然欲望和冲动的本性，是对人的感性欲望的肯认。经验主义一脉的自由主义者认为，人是被自己的感性欲望所规定的存在，必须肯定这一事实。既然如此，那么人们依据自己的自然欲求来追求欲望的满足自然是情理之中的。虽然每个人的欲望各有不同，追求各异，但都是基于个人的自然欲求，所以每个人追求自身欲求满足的行为都应当得到承认。这就导致了他们理论上的本体论和方法论上的个人主义,在承认个人追求自身利益的前提下,再谈社会和政府的产生与运行。就此而言,社会契约理论就是以个人主义为前提的社会理论。将自由理解为权利的结果,就是把对自由的追求转化为对权利的持守和捍卫。黑格尔认为,这种经验主义的路向导出的自由理论必然是消极的。

  处于德国观念论传统中的黑格尔,当然不满足于对自由的这种消极理解。依照德国观念论,人是自我规定的存在,自己规定自己。20世纪法国哲学家萨特对人所谓"存在先于本质"的理解,在德国古典哲学家那里可以说是一种共识,在他们看来,人只有达到自己规定自己的生活状态才是自由的生活状态。那么,如何做到自己规定自己？其所依循的标准是什么呢？在这方面,黑格尔是一个柏拉图主义者。柏拉图将人的灵魂区分为欲望、激情和理性三个组成部分,他认为,只有受理性支配的生活才是值得追求的善的生活。理性是人有别于动物的根本特征。自柏拉图以降,这种理性主义的思维取向成为西方哲学史上的一股主流思潮。

  黑格尔承续了这一理性主义传统,认为人应该超然于自然欲望、激情的束缚,追求更高层次的理性。单纯受欲望、激情所支配的行为是任性,这种情形之下产生的法,也只不过是任意的自由,它只停留于物之上,彰显着意志的特殊性,并未认识到物(对象)只是人(主体)自我的一种客观存在样态。本质上讲,英国古典自由主义的自然权利理论所描述的自由,还只是停留在任意的自由层面。而真正的自由是在他物意识到自身,是在特殊中反思到普遍。因而,古典自由主义者基于权利角度所建构的自由理论,讨论的自由并不是真正的自由,有待进一步提升。

### (一)所有权

  黑格尔对英国古典自由主义理论的批判,是从对其所有权的批判性重释而展开的。洛克以来的英美自由主义者的普遍的做法是,从权利来理解自由,把自由视为一种天赋权利,并以此为基础,推演出一套自由理论体系。权利首先表现为对某物拥有所有权,是对物的占有。黑格尔则指出,古典自由主义的这种理解还只是停留在对象上,并没有意识到自身是意志的特殊化,仅仅是自我欲望的体现,因而是形式上的自由而无关内容,并未达到具体的自由。自我只有在占有对象,并在对象身上意识到它事实上是自我的另一种存在形式时,亦即在特殊中意识到普遍时,才能克服欲望的单一表现。这种对物的所有权才是具体自由的体现。

黑格尔把自由视为人的本质,他明确说:"人就是自由意志,作为自由意志,它是自在和自为地存在着的,至于与他对立的东西是不具有这种性质的。"①人要达到自在自为的存在,必须给予其自由意志以外部定在,这需要通过占有外在事物的方式来实现。人占有物,将物"据为己有,归根到底无非是:表示我的意志对物的优越性"②。又因为物欠缺主观性,人才"把他的意志体现在任何物中,因而使该物成为我的东西"③,物则通过人的意志行为而获得它的规定和灵魂。就此而言,人拥有将"一切物据为己有的绝对权利"④。一般而言,占有遵循先行占有的时间在先原则。我先占有某物,意味着我的自由意志首先灌注于物之上,其他人就无法再将其意志体现于物内。因为当他人

---

① 黑格尔:《法哲学原理》,范扬、张企泰译,北京:商务印书馆,2013年,第53页。

② 黑格尔:《法哲学原理》,范扬、张企泰译,北京:商务印书馆,2013年,第53页。

③ 黑格尔:《法哲学原理》,范扬、张企泰译,北京:商务印书馆,2013年,第52页。

④ 黑格尔:《法哲学原理》,范扬、张企泰译,北京:商务印书馆,2013年,第52页。

## 第三章　黑格尔的自由谱系与现代社会结构的生成

面对我先行占有之物时,不是面对一个自然之物,而是面对我的自由意志的客观定在,物是我的自由意志的一种表征。人与物的关系,本质上是人与人的关系,而人与人的关系通常是通过人与物的关系体现出来的。①

黑格尔对物的理解较为宽泛,在他看来,精神技能、科学知识、艺术甚至宗教方面的东西(讲道、弥撒、祈祷、献物祝福)以及发明等,都可成为契约的对象,而与在买卖等方式中所承认的物同视。② 这是因为,虽然前述这些属于精神的内在的东西,但它们可以通过表达的方式而被给予外部的定在,进而达到法律认可下的占有和转让。此外,不光占有外在事物表明了我的自由,就连我对自身肉体的占有也是我拥有自由的一个明证。"肉体是自由的定在","我在定在中是自由的和我对他人说来是自由的这两个命题是同一的"。③ 因而,对我肉体的暴力、侵害就是对我的自由的侵害,在我的肉体中,我的意志以相较于在我的财物中更为直接的方式"现在地和现实地"存在着,使我更为深切地感受到我的自由。

对于占有的形式,黑格尔与洛克等古典自由主义者的观点是一致的,即"把某物置于我自己外部力量的支配之下"④。二者的分歧在

---

① 黑格尔在此有关所有权来源的论述,其直接的思想来源是洛克的所有权理论。洛克认为人对物的所有权,是通过劳动将人的意志灌注于外物之上,从而实现对物的占有。洛克的所有权理论对黑格尔和马克思都产生了直接影响。

② 黑格尔:《法哲学原理》,范扬、张企泰译,北京:商务印书馆,2013年,第51页。

③ 黑格尔:《法哲学原理》,范扬、张企泰译,北京:商务印书馆,2013年,第56~57页。

④ 黑格尔:《法哲学原理》,范扬、张企泰译,北京:商务印书馆,2013年,第54页。

117

## 自由与市民社会的关系研究
### ——以黑格尔《法哲学原理》为中心

于:洛克将人的自然需要视为首要的东西,因而占有物(拥有财产)只是满足人的需要的手段。然而,黑格尔则认为这种理解是错误的。他说:"所有权所以合乎理性不在于满足需要,而在于扬弃人格的纯粹主观性。人唯有在所有权中才是作为理性而存在的。""我作为自由意志在占有中成为我自己的对象,从而我初次成为现实的意志。"①就此而言,财产就成了自由的最初定在,它本身就是目的,而不是满足需要的手段。

作为单个人的意志,在所有权中体现为私人所有权,共同所有权同样具有"一种自在地可分解的共同性"②。黑格尔承认私人所有权,但他反对"私有财产神圣不可侵犯"这样的说法,因为"属于私有权的各种规定有时不得不从属于法的较高级领域,即共同体、国家"③。由此可见,黑格尔仍是从共同体着眼和立论的。他的方法论是与自由主义的个人主义相对立的整体主义。

对物的占有使该物成为对人而言的财产。财产的多寡是偶然的,既受人之主观目的、需要、才能的影响,又受外部客观状况诸多特殊性的影响,因而,要求财产的绝对平等既是不可能的,也不是正义的。"正义要求各人的财产一律平等这种主张是错误的,因为正义所要求的仅仅是各人都应该有财产而已。其特殊性就是不平等所在之处,在这里,平等倒反是不法了。"④说人应该平等,是仅就抽象的人——亦

---

① 黑格尔:《法哲学原理》,范扬、张企泰译,北京:商务印书馆,2013年,第50、54页。

② 黑格尔:《法哲学原理》,范扬、张企泰译,北京:商务印书馆,2013年,第54页。

③ 黑格尔:《法哲学原理》,范扬、张企泰译,北京:商务印书馆,2013年,第54页。

④ 黑格尔:《法哲学原理》,范扬、张企泰译,北京:商务印书馆,2013年,第58页。

即人格——而言的,如果要求财产的平等,则"这种要求是一种空虚而肤浅的理智"①。又因财产是自由最初的定在,所以处于这一阶段的人们所拥有自由的程度也是有差别的。黑格尔据此还批评了"人生而自由"这一古典自由主义者普遍信奉的观点,认为这种观点"拘泥于人的概念,把人作为精神,作为某种自在地自由的东西来看","把直接性中的概念本身而不把理念看做真的东西",因而是片面的。② 只有自在自为的自由才符合自由的理念,才是真正的自由。国家才是真正的自由,"自由的理念只有作为国家才是真实的"③。

(二)契约

社会契约理论是英美传统自由主义理论的一个核心学说。它对国家的产生以及人与物、人与人之间的交往关系乃至整个社会的运行还有秩序的建构和维系,都作出了较有说服力的解释,成为支撑起现代社会的核心理论。黑格尔批评了这一观念,他认为契约学说本质上还停留于经验层面,这突出表现在契约理论建立于遵循人的欲望、冲动等自然本性的基础之上。他从德国观念论出发,认为理性是人的根本特征,政治国家的产生、社会的运行以及人际关系的维系,无法从这种低级的感性欲望出发获得合理的解释。以往的契约论者(如卢梭)的相关论述是错误的,它导致了粗暴的后果,法国大革命引发的恐怖后果是这方面最好的明证。

---

① 黑格尔:《法哲学原理》,范扬、张企泰译,北京:商务印书馆,2013年,第58页。
② 黑格尔:《法哲学原理》,范扬、张企泰译,北京:商务印书馆,2013年,第64~65页。
③ 黑格尔:《法哲学原理》,范扬、张企泰译,北京:商务印书馆,2013年,第65页。

通过以上对所有权的论述,我们可以看到,黑格尔从自由的角度对财产权的理解,不同于古典自由主义者从人的需要的角度对财产的理解,这种理解角度的不同,导致双方对契约的理解出现了分歧。在黑格尔看来,契约具有以下三个根本特征:(1)从当事人的任性出发;(2)契约双方当事人形成的仅是两个不同特殊意志的相互扬弃而达致的共同意志,它本质上是特殊意志,不具有普遍性,因而不是普遍意志;(3)契约客体是个别的外在物,不受当事人任性支配或占有的事物不能成为契约的客体。① 根据对契约的这些本质理解,黑格尔反对古典自由主义式的社会契约理论,认为它将对物的占有的所有权关系及其转让所构成的契约关系和私有财产关系混入到国家关系之中。然而,事实上,契约主体和契约对象在国家关系中均不能适用。更为重要的是,国家的产生和存在绝不是出于人的任性。恰恰相反,"人生来就已是国家的公民,任何人不得任意脱离国家。生活于国家中,乃为人的理性所规定,纵使国家尚未存在,然而建立国家的理性要求却已存在"②。如此,黑格尔彻底否定了英国古典自由主义关于国家起源的社会契约理论。不仅如此,就连保护个人的生命财产也不是"国家实体性的本质","国家是比个人更高的东西,它甚至有权对这种生命财产本身提出要求,并要求其为国牺牲"③。由此,黑格尔批判了古典自由主义的以下理论主张:(1)天赋自由、生命权和财产权神圣不可侵犯的学说;(2)社会和国家起源的契约理论。

---

① 黑格尔:《法哲学原理》,范扬、张企泰译,北京:商务印书馆,2013年,第82页。
② 黑格尔:《法哲学原理》,范扬、张企泰译,北京:商务印书馆,2013年,第83页。
③ 黑格尔:《法哲学原理》,范扬、张企泰译,北京:商务印书馆,2013年,第103页。

此外，黑格尔还对卢梭的"公意"概念进行了批评。在前文中，我们提到黑格尔对意志的理解深受卢梭的影响，但黑格尔并未停留于卢梭，而是对他进行了反思和超越。在黑格尔看来，卢梭的所谓"公意"也仅仅是共同意志。共同意志还不是普遍意志，共同意志的产生以双方的任性为前提，是基于订约双方的特殊利益的特殊意志，还没有上升到普遍性。通过契约的中介作用，订约双方只是暂时地扬弃了各自的特殊性和差别，达到了意志的统一，但任性的本质决定了契约内在地含有自我否定的因素，即订约的任一方出于任性的自由而毁弃契约，共同意志的暂时统一性宣告破裂。"特殊意志既然自为地与普遍意志不同，所以它表现为任意而偶然的见解和希求，而与法本身背道而驰，——这就是不法。"①

## （三）不法

由于契约的前提是任性，虽然当事人通过契约达成了共同意志，但它本质上还是特殊意志，"契约仍未脱离任性的阶段，而难免陷于不法"②。

理想状态下，普遍的法应与特殊的法直接地相互一致，通俗地讲，就是现象应与本质相符合。而在不法中现象消失了，取而代之的假象与本质两相对立。不法分无犯意的不法、诈欺和犯罪三种类型，它们通过权利争讼、刑罚和报复而得以被扬弃。一俟法的假象被消除，"法

---

① 黑格尔：《法哲学原理》，范扬、张企泰译，北京：商务印书馆，2013年，第90页。
② 黑格尔：《法哲学原理》，范扬、张企泰译，北京：商务印书馆，2013年，第90页。

乃获得某种巩固而有效的东西的规定"[①]。因而,本质上讲,不法是法的异化形态,也是一种法。法要由最初的直接性定在而上升为现实的和有效的东西,就必须通过对不法扬弃的过程才得实现。只有经过这一否定之否定的过程,法才能达到真正的自在自为。

从根本上讲,不法行为的出现是出于人的任性,是人放纵自己的自然欲望、冲动,是为追求个人特殊利益的非理性行为。表面上看,这些不法的行为同样是出于人的自由意志,是人的自由的体现。但本质上讲,不法的行为是特殊意志对普遍意志的违背,仍处于任性的自由阶段,还不是真正的自由。但这种任性的自由又是达到真正自由的必经环节,没有不法和对不法的惩罚,人就很难产生对真正自由的认识,也不会产生提升自由境界的渴望。

在扬弃不法的三种途径中,报复是对真正的不法(亦即犯罪)进行扬弃的首要方式,但报复本质上是一种新的侵害,用报复来扬弃犯罪,就是以血还血,以暴制暴。这种克服不法的方式只会"陷于无限进程,世代相传以至无穷"[②],不利于秩序的稳定,不是文明社会应当采取的方式,因而并不可取。要从根本上解决这一矛盾,仅凭外在的方式不可能实现,还要返回主观意志内心,寻求内在的解决之道。用黑格尔的话说,特殊意志根本上都天然地希求普遍意志,这就使得特殊意志从外在对象身上返回到自身进行自我反思而达到普遍性成为可能。这就是主观的道德领域。

---

[①] 黑格尔:《法哲学原理》,范扬、张企泰译,北京:商务印书馆,2013年,第 91 页。

[②] 黑格尔:《法哲学原理》,范扬、张企泰译,北京:商务印书馆,2013年,第 107 页。

## 四、自由与道德

道德是自由的自为存在,是自由的更高基地。在抽象法阶段,自由意志还只是直接地、自在地存在,尚停留于外在物之上,并未实现对自身的认识。在道德阶段,意志返回到主体自身,呈现为主观性。

道德也是一种法,是主观意志法,它也是两个不同意志之间的关系。抽象法是两个意志之间的否定性关系,表现为"禁止……",所谓"令行禁止"就是这个意思;道德则是意志之间的肯定性关系,是"应当……"黑格尔将道德和伦理严格区别开来,根据他的理解,道德的这种"应当"仅限于主观上的,客观上的"应该"就是伦理,它与道德截然不同。在下文中我们将对此展开讨论,在此暂且搁置不论。道德分为三个环节:故意、意图和良心。

### (一)故意

故意是指人依其自由意志,在"假定着外部对象及其种种复杂情况"[1]时作出的行为,因而,故意的行为必须是行为人知情,对行为对象及其诸多复杂情况有一定的认知。依照黑格尔的理解,出于人的故意的行为,就对其担负责任,否则承担极少责任甚至无需承担任何责任。例如,在不明真相的情况下弑父的俄狄浦斯,在黑格尔看来,俄狄浦斯并非出于故意而采取弑父行为,因而只担负较少的责任。黑格尔说:"仅仅以摆在我面前的定在为我所认知者为限,我才负真实的责

---

[1] 黑格尔:《法哲学原理》,范扬、张企泰译,北京:商务印书馆,2013年,第118页。

任。""我的意志仅以我知道自己所作的事为限,才对所为负责。"①出于我的意志的行为是原因,这种行为产生了某种结果,这是符合常理的逻辑,遵循因果律,因而不难理解。但黑格尔指出,因果链条是无限的,"我"的行为可以引起无限多样的后果,"我"不可能对所有后果负责,"按照意志的法,意志只对最初的后果负责,因为只有这最初的后果是包含在它的故意之中"②。

黑格尔据此还批评了道德上"为义务而义务"的康德式动机论和后果论。他说:"论行为而不问其后果这样一个原则以及另一个原则,即应按其后果来论行为并把后果当作什么是正义的和善的一种标准,两者都属于抽象理智。"③也就是说,只讲动机而不问后果,或只计后果而不论动机,是将行为动机和结果割裂开来的错误做法。一方面,行为本身就内在地蕴含着后果,而后果又是行为的表现形式;另一方面,后果并不是完全由行为发起者所完全决定的,后来的、偶然性的因素对后果的产生同样起着重大的影响作用,因而全然以后果为关注点同样不可取。只有将动机和后果统一起来综合加以考量,才是正确的态度,是真正的道德行为。

### (二)意图

虽然意图和故意都是出于人的自由意志,二者之间存在颇多相似之处,但故意只是对即将要发出的行为知情,还没有更进一步地对结

---

① 黑格尔:《法哲学原理》,范扬、张企泰译,北京:商务印书馆,2013年,第119页。
② 黑格尔:《法哲学原理》,范扬、张企泰译,北京:商务印书馆,2013年,第120页。
③ 黑格尔:《法哲学原理》,范扬、张企泰译,北京:商务印书馆,2013年,第120页。

## 第三章　黑格尔的自由谱系与现代社会结构的生成

果的认识。意图则较之更进一步,它是指行为人已经预见到自己的行为极有可能导致某些后果,亦即黑格尔所说的"必然的后果","包含于个别的直接的东西中的普遍物"。① 因而,意图就是自由意志所希求的目的。

黑格尔认为,意志总是有其意图的,道德行为总是存在主观的意图。因而,义务论伦理学所谓的"为义务而义务",在他看来是不可能的,人们的道德实践总是想追求某种满足。基于这一认识,黑格尔绝不会认同孟子所谓"乍见孺子将入于井,皆有怵惕恻隐之心"②的说法,他认为人不可能出于单纯的"恻隐之心"而施以援手,他人的褒奖、自己内心免受责备,都可看作是人们道德行为的意图使然。这些行为能让他们得到实在的利益,如物质方面的奖励,或纯然内心的愉悦、满足,都是他们行为抉择之指向的"福利"或"幸福"。而"行动的动机就是我们叫做道德的东西"③。

凡意图皆有其法,"意图的法在于,行为的普遍性质不仅是自在地存在,而且是为行为人所知道的,从而自始就包含在他的主观意志中"④。换言之,作为主观意志之目的的意图,本身自在于主体的自我反思之中,是主体意志更为具体的内容。它体现于人的行为之中,"在其中得到实现,构成更具体意义上的主观自由,也就是在行为中找到

---

① 黑格尔:《法哲学原理》,范扬、张企泰译,北京:商务印书馆,2013年,第121页。
② 杨伯峻译注:《孟子译注》(上册),北京:中华书局,1988年,第79页。
③ 黑格尔:《法哲学原理》,范扬、张企泰译,北京:商务印书馆,2013年,第124页。
④ 黑格尔:《法哲学原理》,范扬、张企泰译,北京:商务印书馆,2013年,第123页。

他的满足的主体的法"①。虽然黑格尔认同康德将动机与道德关联起来的做法,认为"行动的动机就是我们叫做道德的东西"②,但他又认为道德并不止步于此,像康德那样认为道德就是遵从绝对命令,"为义务而义务",不得掺杂任何功利成分的话,只是一种肤浅的理解。但凡动机必然指向某种意图,它出于自由意志,是主体自由的主观体现和主体自由本身的纯规定。因而,"道德的东西具有两重意义:在故意中的普遍物与意图的特殊方面"③。黑格尔反对康德式的将道德功利的成分同实践行为剥离的做法,认为"更高的道德观点在于在行为中求得满足"④,这种满足对意志主体而言是一种福利,它是道德行为的一个目的。

意图只有在"自然的主观定在"中,即自然权利论者所主张的基于人性的"需要、倾向、热情、私见、幻想等等中,具有较为确定的内容"⑤,因而它还只是抽象的形式自由,这种自由的较为确定的内容的满足就是"福利"或"幸福"。显然,幸福的诸种规定都是客观上现有的,基于人性之需要的现成的东西,这正是英国自由主义者的自然权利理论所极力追求的东西,是他们所致力追求的自由。对此,黑格尔并未完全予以否定,而是给予其一定程度上的肯定,认为这是基于"人

---

① 黑格尔:《法哲学原理》,范扬、张企泰译,北京:商务印书馆,2013年,第124页。
② 黑格尔:《法哲学原理》,范扬、张企泰译,北京:商务印书馆,2013年,第124页。
③ 黑格尔:《法哲学原理》,范扬、张企泰译,北京:商务印书馆,2013年,第124页。
④ 黑格尔:《法哲学原理》,范扬、张企泰译,北京:商务印书馆,2013年,第124页。
⑤ 黑格尔:《法哲学原理》,范扬、张企泰译,北京:商务印书馆,2013年,第125页。

是生物这一事实",是"合乎理性"的,"人有权把他的需要作为他的目的"。① 黑格尔从人的生物学特性着眼,基于现实主义的情怀,指出"生活不是什么可鄙的事,除了生命以外,再也没有人们可以在其中生存的更高的精神生活了"②。黑格尔在此肯定人的生物性需求,表明他赞同英国经验主义理路,反对以康德为代表的传统上大陆理性主义理路。大陆理性主义完全拒斥人的生理欲求这一最基本的人性事实,把道德理解为"只是在同自我满足作持续不断的敌对斗争"③。但黑格尔又没有全然肯定英国经验主义,这是因为在他看来,从满足人的生物学特性出发所理解的自由只是较低层次的自由,并非真实的自由,"自由只有在自身目的中,即在善中,才对它自己说来是真实的"④。

(三)善和良心

康德的义务伦理学是动机论,强调实践主体遵从道德律令,"为义务而义务",只有摒除个人的私心杂念,纯然出于道德律令的行为,才是真正道德的行为。虽然他把"至善"作为最高的道德理想,但在动机与效果的权衡中,他更侧重于善的动机。黑格尔则不然。一方面,他强调动机与效果的统一,效果是动机的外在体现,评价一个行为是否道德,不能割裂行为人的动机与行为结果之间的内在关联,而是要将

---

① 黑格尔:《法哲学原理》,范扬、张企泰译,北京:商务印书馆,2013年,第126页。
② 黑格尔:《法哲学原理》,范扬、张企泰译,北京:商务印书馆,2013年,第126页。
③ 黑格尔:《法哲学原理》,范扬、张企泰译,北京:商务印书馆,2013年,第127页。
④ 黑格尔:《法哲学原理》,范扬、张企泰译,北京:商务印书馆,2013年,第126页。

二者综合起来进行考察。另一方面,他又对效果有所偏重。一个道德的行为,必须是动机和效果都是善的。因为效果是动机的体现,所以效果的善能够说明动机的善。行为的效果是客观的,是自由意志的外在体现。因而,黑格尔说:"善就是被实现了的自由,世界的绝对最终目的。"①康德明确将其表述为"至善",认为它是人道德实践的最高目的,但是,人们又不可能追求到至善。黑格尔则持乐观立场,认为善的发展有三个阶段②,人们可以通过主观努力逐渐趋近并最终实现至善。善的效果是善的动机的体现,所谓良心是对至善的动机。

按照黑格尔的理解,主观意志与善的关系是,"善对主观意志说应该是实体性的东西,也就是说主观意志应以善为目的并使之全部实现,至于从善的方面说,善也只有以主观意志为中介,才进入到现实"③。由于善对主观意志而言是"绝对本质的东西","主观意志仅仅以在见解和意图上符合于善为限,才具有价值和尊严"④。服从善是主体的义务,而对义务的服从其实就是对自己主观意志的服从,也由此才会感到自由。

和大多数哲学家一样,黑格尔将自由置于一套规则、制度中加以理解,或者说,他把自由理解为一个规范性概念,自由概念与秩序概念

---

① 黑格尔:《法哲学原理》,范扬、张企泰译,北京:商务印书馆,2013年,第132页。

② 善的发展的三个阶段:(1)作为希求者,我应该知道善是特殊意志;(2)我不仅知道,而且能够说出何为善,并发展善的特殊规定;(3)对善本身进行规定。参见黑格尔:《法哲学原理》,范扬、张企泰译,北京:商务印书馆,2013年,第133页。

③ 黑格尔:《法哲学原理》,范扬、张企泰译,北京:商务印书馆,2013年,第133页。

④ 黑格尔:《法哲学原理》,范扬、张企泰译,北京:商务印书馆,2013年,第133页。

紧密相关。人只有在既有的社会秩序中才能真正获得自由，法律、道德、习俗共同构筑起一个相对稳定的社会秩序，或内在或外在地约束着人们的实践活动。法律是外在的规范，道德则是内在的规范，它体现为人们的实践活动受良心的支配。"良心是自己同自己相处的这种最深奥的内部孤独，在其中一切外在的东西和限制都消失了，它彻头彻尾地隐遁在自身之中"①，向人们发出道德命令。良心是"作出判断的力量"，单凭自身来判决行为之善恶，也是将应然性的善现实化的一种力量。

良心有形式的良心和真实的良心之分，道德的观点涉及的是形式的良心。然而，如果良心只是停留于形式的主观性，那它就有可能导向恶。这是因为意志具有自然性和内在性两个方面。意志的自然性指的是主观意志所具有的情欲、冲动和倾向等自然欲求，这是意志的出发点；意志的内在性需要从意志的自然性中获得内容，但它又是与意志的自然性相比较而言的更高层次的自由。从意志的自然性来说，人是恶的，因为人被自己的自然欲求所牵引而追求特殊的东西，以求得个人欲求的满足，由此导向了不自由；从意志的内在性讲，意志本质上又希求个人福利和普遍福利相谐和的善这种普遍物，当自我意识返回自身开展反思时，它就会产生对善的欲求。质言之，自由从意志的自然性出发，既有可能导向善，又有可能导向恶，这恰恰体现了意志的自由本质。一方面，恶与善是不可分割的，另一方面，二者又都导源于意志。就此而言，只要有自由意志，以及它发展到道德这一阶段并表现为善，那么就不可避免地会产生恶。恶总是以伪善的道德形式示

---

① 黑格尔：《法哲学原理》，范扬、张企泰译，北京：商务印书馆，2013年，第139页。

人,而伪善"乃是道德观点中的主观性的最高峰"①。

总之,虽然道德作为自由的一种表现形式,具有强大的规范效力,但它终究只是抽象的存在。虽然良心是主体进行自我规范的最高主观形态,但它毕竟是主观的,是行为人自己对自己的内在感受,无法担当起对外部世界的客观规范作用。自我意识并不会满足于此,不会浸淫于道德的单纯形式而无内容的空洞,而是会扬弃道德的抽象的普遍性,追求现实化,进而达到具体的普遍性。这就是伦理。

## 五、自由与伦理

黑格尔对抽象法和道德的批判性分析表明,客观的法和主观的道德两者各有欠缺,都是片面性的存在,不可能自为地实存,而必须凭借伦理,以之为基础才得以存在并现实化。唯有伦理——它作为自由的理念——才能调和抽象法和道德各自的缺陷,将自由真正地实现出来。

道德是抽象的,伦理则是客观的,是"通过作为无限形式的主观性而成为具体的实体"②。伦理实体既具有客观的环节,又具有主观的环节,并且客观的东西中充满着主观性,"实体性的东西同样具有意识"③。更确切地说,在家庭、市民社会和国家这三种客观的伦理实体中,存在着由法、道德和习俗等主观的东西构成的各种各样的规章制度,它们的差异决定了这三种伦理实体之间的内在差别。就此而言,

---

① 黑格尔:《法哲学原理》,范扬、张企泰译,北京:商务印书馆,2013年,第146页。

② 黑格尔:《法哲学原理》,范扬、张企泰译,北京:商务印书馆,2013年,第164页。

③ 黑格尔:《法哲学原理》,范扬、张企泰译,北京:商务印书馆,2013年,第165页。

黑格尔说，伦理是主客观统一的自由形式，是"成为现存世界和自我意识本性的那种自由的概念"①。

"伦理性的东西就是自由，或自在自为地存在的意志，并且表现为客观的东西，必然性的圆圈。"②它的各环节在不同方面、不同领域调整着人们的生活，并通过个人而"具有显现的形态和现实性"③。在此，个人只是一个中介性环节，是偶性，伦理则是实体，个人依附于伦理。伦理是永恒的存在，对它来说，个人的存在与否是无所谓的，就连个人的实践活动也只不过是"玩跷跷板的游戏"而已。这显然是黑格尔"理性的狡计"的另一种表达。个人自由的真正实现，以及个人对自身自由的确信，唯有在伦理实体中才具有真理性。

在黑格尔的哲学体系中，居于核心地位的绝对精神，通过自否定的辩证运动而不断向前推进。它具有强烈的现实性，通过扬弃单一物与抽象的普遍物而达到统一。这一基于精神的有机整体性原则，是对伦理实体作为特殊性和普遍性之统一体的分割。只有从实体性出发，即以家庭这一最低层次的伦理实体为出发点，逐步向市民社会、国家这两个更高层次的伦理实体提升的考察方式，才能够正确地把握伦理以及自由的现实化进程。基于这一方法论，黑格尔依次考察了家庭、市民社会和国家这三个伦理实体，揭示了自由的三种现实形式。

### (一)家庭

婚姻是构成家庭的形式要件，男女双方通过缔结婚姻的形式组建

---

① 黑格尔:《法哲学原理》，范扬、张企泰译，北京:商务印书馆，2013年，第164页。

② 黑格尔:《法哲学原理》，范扬、张企泰译，北京:商务印书馆，2013年，第165页。

③ 黑格尔:《法哲学原理》，范扬、张企泰译，北京:商务印书馆，2013年，第165页。

起家庭，并为他人所承认。爱是家庭的规定和婚姻的前提。黑格尔反对把婚姻简单地视为一种性的关系抑或是男女双方订定的一种民事契约关系。婚姻也不是男女双方单凭爱这种主观感觉而建立的一种关系，因为爱作为一种主观感觉，具有偶然性，可以随时产生和消失。婚姻本质上是一种伦理关系，黑格尔把伦理关系规定为扬弃了偶然性的必然性、实体性关系，这就要求婚姻要摒除爱的主观偶然性，因而，"婚姻是具有法的意义的伦理性的爱"[1]，法和伦理都是客观和必然的。借助这一规定，黑格尔消除了人们对婚姻的主观任意性和偶然性的误解。

　　黑格尔把缔结婚姻视为人所具有的客观使命和伦理义务。个人想要扬弃自己人格的单一性和自然性，就必须通过缔结婚姻的方式将两个不同人格统一到家庭这一实体上来。通过缔结婚姻，个人的一些自然欲求，例如对性的需求、对爱的渴望等生理和情感心理需求，能够不同程度地得到合理的满足，也因此能够克服人的自然规定，进而向精神性规定的提升迸发。自然欲求的满足有助于人们摆脱生理欲望的束缚，从而有助于人们实现一定程度的自由。

　　黑格尔的婚姻理论具有浓重的男权主义色彩，这与现代社会所普遍认可和接受的男女平等观念相悖。他认为男女两性在自然规定性上存在天然的差异，女人"不是按普遍物的要求而是按偶然的偏好和意见行事的"[2]，她们的归宿本质上就是婚姻，委身于家庭，并在其中获得自己的实体性规定。恪守家礼——它被黑格尔认为是女人的法律——是女人伦理性的情绪。质言之，女人的自由在家庭中得到最终

---

[1] 黑格尔：《法哲学原理》，范扬、张企泰译，北京：商务印书馆，2013年，第177页。

[2] 黑格尔：《法哲学原理》，范扬、张企泰译，北京：商务印书馆，2013年，第183页。

实现,至于市民社会和国家,则专属于男人的活动领域。在这两个伦理实体中,人与人之间的交往关系仅限于男人之间的关系,而无关乎女人,这就使得这两个领域成为男性作为活动主体的伦理实体,男人因此具有实现更高自由度的可能。这种鲜明的性别歧视思想,显然是具有历史局限性的,注定为现代社会所抛弃。

如果说缔结婚姻是个人在名义性人格上的抽象定在的话,那么财富则是个人获得实体性人格定在的现实定在,是家庭存续所必不可少的要素,也是单一人格统一到伦理实体上的外在物质体现。因而,财富同样构成了家庭的重要一环。

通过婚姻结合在一起的男女双方的统一只限于主观的爱的感觉,它是抽象的、偶然的,缺乏客观性,随时都有可能消失,从而导致婚姻的破裂和家庭的解体。生育子女能够克服这一局限。子女是夫妻双方爱的结晶,一方面,夫妻双方凭借子女克服了自身寿命短暂的生物性缺陷,使得自己的生命经由具有血缘关系的子女而得以延续;另一方面,他们把各自所具有的主观的爱的感觉汇聚到子女身上,从而客观地显现出来,"双方都在子女身上见到了他们的爱客观化了"[1]。这两个单一人格的统一,有别于体现于物质财产之上的统一,而是精神性统一的体现。"在其中父母相互恩爱,而子女则得到父母的爱。"[2]

同时,子女既是父母追求自由的客观结果,又是继续这种追求的担当者。一方面,夫妻双方通过出于爱的婚姻而部分地满足了生理和心理需求,进而获得一定程度的自由,并在子女身上得到确证,因而,黑格尔说:"子女是自在地自由的,而他们的生命则是仅仅体现这种自

---

[1] 黑格尔:《法哲学原理》,范扬、张企泰译,北京:商务印书馆,2013年,第187页。

[2] 黑格尔:《法哲学原理》,范扬、张企泰译,北京:商务印书馆,2013年,第187页。

由的直接定在。"①另一方面,子女的肉体的存在只是夫妻双方获得较低层次自由的直接体现,倘若想要提升自由度,必然要对子女进行教育。黑格尔认为,"父母构成普遍的和本质的东西"②,而未接受教育的子女尚属于特殊的和偶然的东西,有必要将子女提升到普遍的、必然的层次上来。这使得教育子女在家庭生活中意义重大。"教育的一个主要环节是纪律,它的涵义就在于破除子女的自我意志,以清除纯粹感性的和本性的东西。"③通过教育,父母将家庭伦理的基本原则传授给子女,让他们习得爱、信任和服从这些伦理感觉,从而构建起伦理生活的基础。这是就教育的肯定方面而言的。从教育的否定方面来说,子女通过教育而超脱原有的自然直接性,达到独立而自由的人格,成为具有法律人格的成年人,有能力凭借自己的劳动获得财产并组建新的家庭。子女经教育而获得的跃升,本质上是夫妻自由度的延伸,通过子女的实践活动,他们得以在更为宽广的时空中追求更高层次的自由。然而,随着子女独立人格的确立,原有的家庭就逐渐走向解体。

  由以上分析可知,家庭的解体是自我意识内在逻辑发展的必然,也是自由向前推进的必然要求。经由家庭生活的培养,个人已经拥有爱、信任和服从这些基本的伦理情绪,独立的自我意识和人格,必需的生存技能和赚取财产的能力。他已经不再满足于在以血缘关系为核心构筑的关系网中所获得的自由,开始走向社会,通过与陌生的他者的交往,在更为宽广的场域中追求更高层次的自由和自我的完满实

---

① 黑格尔:《法哲学原理》,范扬、张企泰译,北京:商务印书馆,2013年,第188页。

② 黑格尔:《法哲学原理》,范扬、张企泰译,北京:商务印书馆,2013年,第188页。

③ 黑格尔:《法哲学原理》,范扬、张企泰译,北京:商务印书馆,2013年,第188页。

现。这就过渡到市民社会领域。

(二) 市民社会与国家

和家庭一样,市民社会和国家也是伦理实体,是自由在现实中的具体体现。因而,二者的具体内容同样是自由在外部世界的展开环节。

1. 市民社会

市民社会是现代世界资本主义发展的产物,是近代以来现代化的结果。从发生学上讲,市民社会的产生要晚于国家,但从逻辑学上讲,市民社会却先于国家,是家庭向国家过渡的中介性环节。黑格尔显然是选取了逻辑学的分析理路,通过分析自由意志的演进过程,表明了自由在家庭那里得到最初的客观显现。一方面,从精神层面讲,家庭是个人自由意志的客观化,在这里,个人的自由得到一定程度的实现;另一方面,男女双方组建家庭的必然结果是孕育子嗣,后者具有极为积极的意义,一是他是父母生物性生命的延展,二是他是父母的精神生命的延续和对自由的进一步追求。获得独立人格的个人从家庭这一低层次的伦理实体中走出,在市民社会中寻求更高层次的自由之现实化。

市民社会从个人追求自身需要的满足出发,通过劳动而获得财富,并通过司法的形式得以被确认和保护下来。同时,警察对市民社会的经济活动具有监管职责,同业公会是从事不同行业的人们为维护自身利益而自发创建的组织机构,它从内部调节和规范着人们的市场行为。需要的体系、司法、警察和同业公会这四个环节构成了市民社会的主体运行框架。在市民社会中,个人通过自身的主观努力实践着自由观念,从而将自由逐渐具体化为现实的规则、制度和法律,并建构起自由的社会秩序。反过来,这种客观的社会秩序又为人们追求更高程度的自由提供了一个适宜的平台。在此意义上,黑格尔说"整个市民社会是中介的基地"①,是家庭向国家过渡的中间环节。

2. 国家

一如上述,黑格尔的《法哲学原理》旨在探讨个体自由的实现过程,在这一推进过程中,建构起自由的谱系。个体的自由经过抽象法和道德两个阶段,最终在伦理实体上达到客观的实体性定在。但是,在家庭和市民社会这两个伦理实体当中,个体所达到的自由还具有一定的片面性,因而不是真正的自由。只有在国家这一最高伦理实体当中,自由才得到最为完满的实现。反过来,如果从国家这一自由的最高阶段来看,家庭和市民社会又是自由意志发展过程中不得不经历的两个环节,国家是它们的内在目的。个人自由在家庭那里表现为爱的主观感觉,因而带有主观性、偶然性的色彩;在市民社会中,私人利益是人们经济活动的出发点和落脚点,虽然是处于社会中,但个人活动各有"私心",其目的是圈定属己的私人领域,因而,凭此组成的伦理实体自然是缺乏温情的,绝非人类的最终归宿。然而,"人是被规定着过普遍生活的;他们进一步的特殊满足、活动和行动方式,都是以这个实体性的和普遍有效的东西为其出发点和结果"②。换言之,人本质上的社会性决定了人必然过普遍的伦理生活,只有在社群中才能获得生存和发展,人的一切实践活动的出发点和最终指向,都是这种作为普遍的伦理生活的国家。同样,个人的真正自由只有在国家这一最高伦理实体中才能得到完全实现。"国家是具体自由的现实"③,在国家

---

① 黑格尔:《法哲学原理》,范扬、张企泰译,北京:商务印书馆,2013年,第197页。
② 黑格尔:《法哲学原理》,范扬、张企泰译,北京:商务印书馆,2013年,第254页。
③ 黑格尔:《法哲学原理》,范扬、张企泰译,北京:商务印书馆,2013年,第260页。

中,家庭和市民社会作为现实自由的片面性得以扬弃,个人达到了最高程度的自由。

需要指明的是,黑格尔在此谈论的国家是现代意义上的国家,并且这里的现代国家不是特指某一个别国家,而是理想的国家,其本质在于"普遍物是同特殊性的完全自由和私人福利相结合的,所以家庭和市民社会的利益必须集中于国家"①。现代社会中的个人,不仅具有作为私人而为求得一己私利而生活的一面,而且还内在地具有对普遍物的希求以及为实现这一希求而活动的一面。他会自然地趋向普遍物,既在其中追求和实现私人利益,又在此过程中不自觉地实现着普遍利益。对国家而言,它必得借助于个人的逐利活动和个体所拥有的天然的伦理情绪来完成自身,因而,让公民获得幸福也是国家的一个主要目的。当个人目的和利益统一于国家后,国家作为整体就代表了这单个人的利益,就此而论,个人不再受到国家的强制,而是在国家中并且通过国家实现了个人的自由。由此可见,对黑格尔来说,个人与国家之间是相互完成、相互实现的关系。

国家由三个环节构成:国家法、国际法和世界历史。

首先,国家法或曰国家制度,指的是现实中的个别国家,它是国家理念的"直接现实性"。黑格尔将国家视为一个有机体,各种不同权力机构及其职能和活动领域构成了国家有机体的各组成部分,各部分既相对独立、各司其职,又相互关联,趋于同一,共同为实现普遍利益而运转。政治制度就是这种有机体。它由对内和对外的两种制度体系构成,对内是内部国家制度,对外是对外主权。内部国家制度又可进一步细分为王权、行政权和立法权三种权力体系。显然,这与当时较

---

① 黑格尔:《法哲学原理》,范扬、张企泰译,北京:商务印书馆,2013年,第261页。

为流行的三权分立学说不同,其原因在于:其一,这是根据黑格尔自己的逻辑学体系推演出的,根据他的辩证法,概念的发展是由普遍性、特殊性和单一性这三个环节所构成的。如果将立法权看作普遍性,将行政权看作特殊性,那么司法权则不能作为单一性,"因为概念固有的单一性是存在于这些领域之外的"①,司法权应划归到特殊性方面,唯有该领域之外的王权才是概念的第三个环节。而作为单个人的君主是绝对精神的具体的体现。其二,在处于现代社会初期的各个国家中,英国走在所有国家的前列,社会的稳定程度、经济的发展水平、人们的生活条件均处于领先地位,因而扮演着导引人类历史发展方向的领头羊角色。据此,黑格尔将英国的政体——君主立宪制度——视为人类社会理想的政体类型,也就显得理所当然了。那么,在这两个原因中,究竟是哪一个原因在根本上影响了黑格尔对君主立宪政体的赞许呢?我们认为,是社会现实而非抽象思想发挥了决定性影响。这是因为黑格尔是一个有着极为强烈现实关怀的哲学家,在《法哲学原理》的序言中他就明确指出:"哲学的任务在于理解存在的东西",哲学"是被把握在思想中的它的时代"。② 既然黑格尔对哲学与现实之间的关系有着如此清醒的认识,那么,他的哲学体系自然也是立基于当时的社会现实之上而建构起来的。

立法权涉及立法机关通过制定法律的形式对公民及各种法人组织的行为进行保护和约束的权力,它以国家制度为前提,是国家制度的重要组成部分。对个体自由的保护是立法的主要目的。立法是一种规范性活动,通过立法,能够为公众提供一套具有普遍约束力的指

---

① 黑格尔:《法哲学原理》,范扬、张企泰译,北京:商务印书馆,2013年,第286页。

② 黑格尔:《法哲学原理》,范扬、张企泰译,北京:商务印书馆,2013年,"序言"第12页。

导原则,个人的权利和义务得以明确,人们的行为有了外在的规范,在法律规定的范围内进行社会实践活动。因而,立法实质上是为个人实践活动画定界限,在这一界限之内,个人享有充分的自由。通过普遍等级和私人等级中的各级代表——议员——参与到立法工作中来,公民的权利和自由得以体现,同时还保障了所立之法的普遍适用性。虽然黑格尔认为立法权是作为一个整体而存在的,但他并不认为立法权必须独立,恰恰相反,王权、行政权和等级要素在立法过程中起着重要作用。这是因为,在他看来,"独立会取消国家的统一,而统一正是所企求的第一件大事"①。

行政权指涉对君主的决定和法律的执行,即将普遍性的东西落实到特殊性事物之上。它的执行主体是属于普遍等级的政府官员和最高咨议机关,因为他们拥有必要的知识和才能去达成普遍利益,也能"保证国家能满足它对普遍等级的需要"②。行政权由审判权和警察权组成,二者直接关联于市民社会中人们的经济活动,通过规范人们的经济行为,来"维护国家的普遍利益和法制,把特殊权利归入国家的普遍利益和法制之内"③。

王权是单一性环节,是主宰一切的权力。作为普遍性的立法权和作为特殊性的行政权,最终都要统一于王权并体现于君主这一个人身上。当然,黑格尔所说的王权、君主并非封建时代意义上的,而是近代的产物,特指君主立宪制下的王权和君主。黑格尔认为,王权是"君主

---

① 黑格尔:《法哲学原理》,范扬、张企泰译,北京:商务印书馆,2013年,第318页。
② 黑格尔:《法哲学原理》,范扬、张企泰译,北京:商务印书馆,2013年,第311页。
③ 黑格尔:《法哲学原理》,范扬、张企泰译,北京:商务印书馆,2013年,第309页。

立宪制的顶峰和起点"①。一方面,王权以神的权威为基础,具有至高无上的地位;另一方面,虽然君主占据国家的最高地位,但他并不能为所欲为,而是要"受咨议的具体内容的束缚的"②,在宪法的框架下行使自己的权力,并以实现和维护国家的普遍利益为目标。在社会稳定时期,君主"除了签署之外,更没有别的事可做"③,亦即只具有形式上的决断权。这一切都体现了现代君主立宪政体下的王权与古代封建制下的王权的本质区别。但是,在君主的产生方面,它却又保留了封建时代的特征,即君主不是经由民众选举产生,而是世袭罔替的王位。因此,君主与人民之间不是契约的关系。这就背离了现代的契约精神,因而马克思才会在《黑格尔法哲学批判》中予以极大的嘲讽和措辞严厉的批判。然而,如果君主的权力仅限于署名这样的象征性行为的话,那么,由何人担任君主一职似乎并不会从整体上对国家的运转、普遍福利的实现和公民对自由的追求带来多大损害。并且,王位世袭制这种陈旧的制度对稳定国家秩序、避免内乱、维护统一具有积极性作用,而稳定的社会秩序对个体和社会自由的实现又是绝对必要的前提。

对外主权是与内部国家制度相对而言的。国家作为统一体,既是普遍性的存在,又是个体性的存在。个体性即意味着个别国家是与其他国家相对而言的,是与其他国家不同的存在,具有排他性,其表现是国家与国家之间的关系。从概念上讲,每一个国家都是独立自主的,是现实精神的定在,因而"独立自主是一个民族最基本的自由和最高

---

① 黑格尔:《法哲学原理》,范扬、张企泰译,北京:商务印书馆,2013年,第287页。

② 黑格尔:《法哲学原理》,范扬、张企泰译,北京:商务印书馆,2013年,第300页。

③ 黑格尔:《法哲学原理》,范扬、张企泰译,北京:商务印书馆,2013年,第300页。

的荣誉"[1]。每个公民都有义务竭尽全力来维护国家的独立和主权，"为国家的个体性而牺牲是一切人的实体性的关系，从而也是一切人的普遍义务"[2]。战争是维护国家独立自主的必要手段，对民族的伦理健康具有积极的意义。由于国家是普遍性和个体性的统一，作为个体，它必然内在地含有否定性的因素，战争是不可避免的，人类永远不可能实现康德所谓的"永久和平"。对外主权本质上关涉的同样是个人的义务范畴，是处理个人与国家之间的权利和义务关系。因此，需要申明个人对国家具有绝对的义务，在这种义务中，特殊性的个人之价值超拔到国家这一普遍性存在的层面，并在其中实现自身。

国际法关涉不同的独立国家之间的关系。每个独立国家都受自己特殊意志的支配而谋求自身的福利，"福利是国家在对别国关系中的最高原则"[3]。当各个国家的福利相冲突时，就需要国际法的调节。然而，黑格尔不认为现实中存在一个能为不同国家广为接受、愿意受其约束的国际法，它只是一种应然性的东西。战争是处理国家间关系的最常见且最有效的方式，但战争中又保有和平的可能，国际法并不能真正充当调节国家关系的裁判官，只有普遍的绝对精神才能担当这一角色。绝对精神是自在自为的理性，它的外在形态就表现为历史，整个世界历史就是绝对精神的自我意识和自由的展现。世界历史的每一发展阶段都有一个代表该阶段发展最高层次的民族。首先是东方民族，它只有君主一个人的自由；其次是古希腊民族，它只有城邦公

---

[1] 黑格尔：《法哲学原理》，范扬、张企泰译，北京：商务印书馆，2013年，第339页。

[2] 黑格尔：《法哲学原理》，范扬、张企泰译，北京：商务印书馆，2013年，第342页。

[3] 黑格尔：《法哲学原理》，范扬、张企泰译，北京：商务印书馆，2013年，第349页。

民的自由,奴隶则不享有自由;再次是古罗马民族,同样存在一部分人的自由;最后,只有到日耳曼民族这里,也就是基督教世界,才认识到所有人都是自由的,在上帝面前,人与人之间没有差别,一切人都是平等的,自由在此得到普遍而彻底的实现。黑格尔认为,世界历史就是自由意志的这四个层次由低到高的渐次进展过程,在日耳曼民族身上,普遍自由经由近代的文艺复兴、启蒙运动等运动的思想跋涉,最终达到了自我意识,并现实化为现代意义上的国家、法律和制度体系的原则,只不过它们在日耳曼民族身上还未展现出来而已。

## 第三节 黑格尔自由观的理论价值及局限

黑格尔的自由观批判地吸收了欧陆理性主义和英国经验主义自由观,在此基础上所构建的独特的自由谱系,表现出思想深刻和体系完备的特征。但这不等于说他的自由观是完美无缺的,而是依然存在理论上的局限性。具体言之,黑格尔的自由观的理论价值和局限性分别表现在以下两个方面。

其一,黑格尔的自由观的理论价值具体表现为自由观的体系完备性和超越性。在自由观的体系完备性方面,通过上文对《法哲学原理》所作的系统梳理,我们可以发现,黑格尔通过概念演绎的方式建构起一套逻辑严密、体系庞大的法哲学体系。在这个体系中,黑格尔以意志为出发点,把自由与意志等同起来,阐述了人们如何依照其意志开展自由的现实化实践,这表现为由低阶自由向高阶自由的持续进阶。具体而言,就是从初级的客观自由(抽象法),上升到更高层次的主观自由(道德)，再进一步过渡到主客观统一的现实自由(伦理)，直至国家这一最高的自由实体这里，人才达到了真正的自由。可以说，黑格尔法哲学的具体内容就是自由的现实化历程：抽象法、道德和伦理。这三者既是自由现实化的三个环节，也是自由的三种现实存在形式。这三种自由形式借助于否定之否定的辩证运动，层层递进，完整地描绘出自由在现实中的自我实现过程。在这个过程中，自由在实践观念的现实化冲动的支配下，以一种逻辑极其严密的方式，渐次衍生出所有权、契约、不法、故意和责任、意图和福利、善和良心、家庭、市民社会和国家，它们均是自由的一种形式，也是调节人们现实生存实践的社会规范，最终构建起现代社会和现代文明。

在自由观的超越性方面，黑格尔的自由观超越了以往任何一种自由理论。在第一节中，我们已经明确地将黑格尔归为自由主义者的行列，只不过他不同于一般意义上的英美传统的政治自由主义者。在第二节中，我们通过分析《法哲学原理》中的自由概念，阐明了黑格尔所理解的自由既具有英美自由主义意义上将自由理解为权利的意蕴，又展现出欧陆理性主义(尤其是德国古典哲学中的理性主义)将自由理解为主观自由的倾向，这表明他具有糅合两大理论传统的雄心。当然，黑格尔的这一综合、超越的努力一定程度上把握到了自由的真理性，他对自由发展进路的理解，大体上符合自由在西方思想史上的演进过程，我们在第一章中已经对此作出清晰的阐明。换个角度讲，我们完全可以把他的这一成果看作是他在对自由概念演化史的系统梳理之后，用自己的逻辑学框架搭建起来的结果。但是，他的自由谱系绝不是对自由概念演化史的简单再现，毕竟以往哲学家有关自由的论述既缺乏系统性，又往往执于一端：要么是理性主义理解进路，要么是经验主义理解进路。黑格尔的自由谱系则实现了对不同理解进路的兼收并蓄，他以自己严密的概念推演逻辑，串联起自由主义的演化史，

# 自由与市民社会的关系研究
## ——以黑格尔《法哲学原理》为中心

并提出一些见解深刻的新思想,由此表现出其自由观对以往自由观的超越性。

其二,黑格尔自由观的理论局限在于它表现出明显的国家主义倾向。黑格尔把国家视为自由的最高实现,这就等于说,抽象法保护的人的自由、道德规范构建的人的良心自由、家庭提供的生理和情感自由以及市民社会实现的人的经济自由,都是有限的自由。我们依据个人的生活经验,完全可以接受黑格尔对这些有限自由的指认,但是,人的最高层次的自由何以能够在国家中实现? 黑格尔对此的论证并不充分,仿佛他只是预设了个人拥有一种最高程度的自由,但这种自由无法通过个体或社会予以实现,只能借助于一个更高层次的实体来完成,因而,他才强行赋予国家这一最高地位。黑格尔理论上的不自洽,使得在他之后的人们多半据此将其划归为国家主义者。

对于这一富有争议的话题,我们在此尝试作一回应。通过上文对黑格尔自由谱系的详细阐明,似乎可以推知,黑格尔并不是一个一般意义上的国家主义的倡导者,更不赞成专制独裁。作为《法哲学原理》的核心概念的自由,既指个人的自由,也指共同体的自由。黑格尔认为,个人的自由和共同体的自由两者并不矛盾,个人的自由只有在共同体——国家——中才能真正实现,并体现为共同体的自由。国家和市民社会两者不能相互替代。市民社会有其自身运行机制,并在一定程度上是自组织的;国家是在宏观的意义上对市民社会起调节和把控作用,即保持市民社会的发展趋向,保护市民社会的利益而不改变它的内容。一旦国家超越这一职能范围,越市民社会而代之,则极有可能导致独裁的政治体制的产生。只有国家与市民社会的相对独立的政治体制才能确保个体自由的不被戕害。

如果我们持有对黑格尔自由观的这种理解,则必然导向这样一种结论:在很大程度上,黑格尔对个人自由是肯定和维护的,他的国家的基本指向就是使特殊利益和普遍利益保持一致,以便为个体的权利和自由提供保障。就此而言,我们从宽泛的意义上将黑格尔归为自由主义者,是完全没有问题的。当然,他的这种自由主义有别于英美经验主义的自由主义。后者虽然也认为组成国家的根本目的是保护个人的权利与自由,但他们并不认为现实中的国家会真正以此为目标,相反,它反而会以共同体的名义干涉个人的自由。因而,个人的自由要得到维护,根本上还得要凭靠市民社会。就此而言,黑格尔的自由主义似乎站到了英美传统自由主义的对立面。要弄清这个问题,就有必要厘清黑格尔的市民社会理论。

# 第四章

# 作为自由之高阶实现的黑格尔市民社会理论

按照黑格尔的理解,市民社会是自由在外部世界的一种现实形式,也是自由意志发展的必然结果,它内部的所有组织结构都可以被看作是自由现实化的诸多环节。这种从抽象概念推演出客观实在的逻辑学不仅将市民社会理论奠基于自由理论之上,而且还展现出浓厚的理性主义色彩。这是黑格尔的市民社会理论的理性主义面向。黑格尔的市民社会理论又具有明显的经验主义色彩,这主要体现在它在很大程度上直接借鉴吸收了苏格兰启蒙学派的市民社会理论,其内部架构、运行机制、保障体系等,都表现出极为浓厚的苏格兰痕迹。由于黑格尔将英国经验主义哲学家所讨论的自由视为一种低级层次的自由,在追求这种自由的过程中所生成的市民社会是不完善的自由形式,它本身存在很多自身无法克服的缺陷,这就需要国家这一更高的伦理实体的介入,由此使得黑格尔的市民社会理论表现出明显的国家主义倾向。在上文中,我们概略性描述了黑格尔如何从自由推导出市民社会,这对于我们深入理解其市民社会理论显然是不够的。有鉴于此,本章将深入剖析黑格尔的市民社会理论与苏格兰启蒙学派的市民社会理论之间的内在关联,阐述黑格尔市民社会的具体内容,并揭示它与自由之间的内在关联。

# 第一节
# 黑格尔市民社会理论的历史背景与思想来源

"市民社会"部分在黑格尔《法哲学原理》中占据极为重要的地位。全书共三篇九章360节,"市民社会"一章占75节,仅次于"国家"一章,从篇幅上足见黑格尔对市民社会的重视。诚如上文中我们多次申述的,《法哲学原理》是一部关于自由经过各阶段发展,不断获得层次的提升和现实化之过程的论著,因而,从形式上即可见出"市民社会"部分所占比重之多。由此可以合理地推断出黑格尔对自由与市民社会之间的内在关联给予了充分的关注,认为市民社会是自由在现实化过程中一个必然出现而又极为重要的环节。

众所周知,市民社会产生于资本主义生产方式日益崛起的近代社会,是现代资本主义的伴生物,随着资本主义的发展壮大,市民社会逐渐发展并趋于成熟,成为独立于政治国家之外的另一领域,也是私人领域的代名词,直至成为现代社会的一个主要内容。在第二章中,我们已经较为详细地考察了市民社会概念的起源、产生和发展的整个历史过程,并得出如下结论:17—18世纪的苏格兰启蒙学派思想家们在思想史上首次正式将市民社会与国家分离开来,确立了现代意义上的市民社会概念。那么,黑格尔何以会如此重视市民社会概念?他关于市民社会的理论是基于当时德意志国家的经济社会发展的现实,还是深受苏格兰启蒙学者们的影响,将他们有关市民社会的思想吸收进自己的体系中来,或者是直接"拿来主义"地照搬进自己的思想体系之中？在本节中,我们将对这些问题作出初步探讨。

## 一、欧洲的经济社会发展背景

作为一个极为关注现实并且将其哲学理论建基于现实生活的哲学家,黑格尔的市民社会理论的形成,必然与当时德意志国家乃至整个欧洲的经济社会发展状况之间有着密切的联系。在此,我们拟对其理论的社会背景作一粗略考察。

马克思的唯物史观认为经济基础决定上层建筑,一种意识形态的产生必然筑基于相应的经济社会发展的现实状况之上。在黑格尔所生活的18世纪末19世纪初这段时期,现代化进程在欧洲正大步流星地向前推进。首先,在英吉利海峡彼岸的不列颠王国,借助1688年的"光荣革命",英格兰已然确立了资本主义性质的君主立宪政体。1707年通过与苏格兰的正式合并,为资本主义工商业的发展创造了稳定有序的政治前提,提供了广阔的国内市场。经过近半个世纪的稳定发展,到18世纪中期,工业革命的逐步开展极大地促进了英国资本主义工商业的发展,最终使得英国经济发展水平在世界居于领先地位。与其发达的资本主义经济相伴随的是市民社会的初步确立,市民社会独立于政府之外,遵循着固有的商业逻辑,建构起稳定有序的社会秩序。其次,海峡此岸的西欧很多国家,经济社会发展水平同样处于欧洲领先水平。荷兰、比利时自中世纪中晚期就孕育出发达的商业和相对开放的文化传统,对欧洲各国的精英阶层产生极大的吸引力。西班牙和葡萄牙在15世纪末到17世纪中期长达150年的时间里是欧洲强国,海洋贸易发达,商业繁荣,国家统一,社会稳定,经济社会发展水平在当时的世界上同样属于第一梯队。法国的经济虽然远不如上述几个国家发达,但它在思想上走在了时代前列,孕育出一大批声名卓著的启蒙思想家,他们引导人民通过声势浩大的法国大革命,将法国由封建主义性质的国家拖拽到资本主义国家的行列中,从政治上为资本主义在法国的发展开辟道路。此后,又出现了拿破仑这类强权领袖带领法兰西民族横扫欧洲,通过对外扩张的形式将现代意义上的资本主义理念播撒开来。因而,无论在政治、经济还是思想文化上,都可把法国归类为世界领先的国家。

当西欧诸国的资本主义事业蒸蒸日上之时,德意志的疆土之上却展现出另一番景象。很长一段时期内,德意志民族始终分合无定,王权羸弱,国家聚合无常。直至18世纪后期,神圣罗马帝国分崩离析,在四分五裂的若干小国家里,封建专制主义的残余横行,致使神圣罗马帝国很难再称得上是真正意义上的"国家"。神圣罗马帝国既没有强大的军队、富足的经济收入和集中的管辖机构,也没有法律和公正。农奴制仍然在很多邦国中盛行,许多国王甚至仍然保留着出卖自己的臣民来增加收入的恶习。在此种情形下,民众的生存、自由和权利得不到保障,沦为专制力量的玩物。尽管如此,在欧洲土地上蔓延开来的资本主义同样渗透到德意志的领土上来,对现有的政治和社会秩序产生了较大冲击。在黑格尔看来,旧有的封建制度与接续它的利己主义的社会新秩序之间的矛盾冲突相互激荡,促使神圣罗马帝国走向崩溃。尽管德国的经济状况——尤其是资本主义经济新形态——的发展水平远远落后于英法两国,但仍取得了一定程度的发展,这种经济领域的发展呼唤着新的政治秩序的建立。然而,德国的法律制度和政治体制并未适应经济状况的变化,法律只是个别私人利益而非普遍利益的保障,国家沦为为特殊利益服务的私人机构,个人的私有财产不能得到法律保护。新的社会秩序的建立,急需一个强有力的国家,一个真正的共同体来为实现所有成员的平等所有权以及个体和共同体的自由提供保障。

尽管18世纪的神圣罗马帝国和同时代的英国、法国、荷兰等处于世界发展前列的资本主义国家存在较大的差距,国家四分五裂、封建社会旧秩序仍然在苟延残喘,但这一切都未能阻挡住资本主义对这片土地的渗透。德意志人民怀着极大热情拥抱现代化,康德、赫尔德、歌德、洪堡、海涅、费希特和谢林等一大批声名卓著的思想家们,本身就是启蒙运动的参与者和传播者,他们为德意志民族在思想文化层面的现代化打下了深厚根基。此外,虽然资本主义在德意志的发展没有在英法等国势头猛烈,但仍然取得了有益的进步,商品经济浸润其间,一定程度上形成了现代意义上的市民社会。一方面,资本主义的发展已经现实地冲击着德意志的旧秩序;另一方面,统治者又竭力维护现存秩序,阻止新生力量的发展。面对这种社会转型,作为哲学家的黑格尔无力在德国掀起政治革命或经济革命,只能在人们的头脑中掀起思维领域的革命亦即哲学革命,以重塑德意志民族的价值观。他透过理性和逻辑的力量,将历史引入哲学,从普遍性的视野洞察到历史发展的根本趋向,用抽象的概念和严密的逻辑推演体系表达出他的政治和社会理想。

## 二、黑格尔市民社会理论的苏格兰来源

按照大多数学者的看法,市民社会概念有狭义和广义之分。广义的市民社会可以上溯至中世纪在诸多中小城市中兴起的基于商品经济活动的社会领域,它具有相对于政府而言的一定的独立性;狭义的市民社会则单指近代以来建基于资本主义市场经济之上的一种现代社会形态,它的正式确立以脱离于国家而独立存在为标志,是现代世界的产物。黑格尔认为,国家的产生要早于市民社会。英格兰哲学家

## 第四章 作为自由之高阶实现的黑格尔市民社会理论

霍布斯、洛克已经对政治国家的起源作出充分的契约主义论证,认为人类结束自然状态之后迅疾构建起政治国家。这一观点为苏格兰启蒙学派所承续。黑格尔同样默认了这一观点,并因循这一理解,认为"市民社会是在现代世界中形成的,现代世界第一次使理念的一切规定各得其所"①。由此可见,黑格尔是在狭义上——即接续苏格兰启蒙学派对现代市民社会概念的定义和阐发——来谈论市民社会的。

黑格尔对市民社会的理解,更多的是借助于英国苏格兰启蒙学派的斯密和弗格森的相关论述。斯密的《国富论》和弗格森的《文明社会史论》都较为深入地探讨了市民社会及其运行机制。《国富论》探讨了劳动及其分工,《文明社会史论》详细梳理了"civil society"概念的来源及其历史演化过程,这些都在当时的欧洲产生了极为重大的影响。特别是弗格森的《文明社会史论》被译为德文之后,俘获了大量读者。据考证,黑格尔本人阅读过《文明社会史论》的英文原版和德文译本,由此不难推测,他的市民社会概念几乎沿袭了弗格森的这一称谓。此外,《文明社会史论》的德国译者在将"civil society"转译为德文时,赋予了它以新的、富有德国特色的意涵,这被包括黑格尔在内的德国学者广为接纳。

苏格兰启蒙思想家认为,市民社会中的个人受利己心的支配,以满足私人利益为出发点参与市场经济活动,不可避免地会出现不同个人之间的特殊利益产生冲突的局面。虽然如此,市民社会本身在一定程度上蕴含着化解这些冲突的逻辑。我们已经在前文中阐明,苏格兰启蒙思想家大都把其理论建基于对人性的分析和探讨之上。他们普遍认为,纷繁复杂的人性是商品经济发展与市民社会形成和运转的根

---

① 黑格尔:《法哲学原理》,范扬、张企泰译,北京:商务印书馆,2013 年,第 197 页。

基,而人性本身的丰富性意味着它具有一定的自我调适能力,这在根本上决定了市民社会是一个富有张力和弹性的组织机构,具有充分的自组织能力,它本身能够内生出一套原则来调节人们的经济活动,并凭此建立起和谐稳定的社会秩序。套用哈耶克的话说,市民社会能够自我建构起一种自生自发的社会秩序。

苏格兰启蒙思想家们为市民社会归结出以下四个主要特征:第一,市民社会指的是社会经济活动领域,它具有较强的自组织能力和相对于国家的独立性;第二,个人是市民社会的基本构成单元,无数个人追求私利的行为,共同推动着经济的发展和社会的进步;第三,市场经济活动的参与者既受利己心的驱动,又有同情心的支配,是遵循道德情感主义的整全个人,而非完全自私自利、不顾他人和共同体的偏狭的"经济人",因而,市民社会在伦理上是自足的;第四,法律是市场经济活动中一种极为重要的外在规范,符合经济理性的法律制度有助于建构稳定和谐的社会秩序。苏格兰启蒙思想家们认为,这些特征既是市民社会的基本特征,也是现代社会运行所遵循的基本原则。

因循苏格兰启蒙学派的市民社会理论,黑格尔同样把市民社会等同于与政治国家相对的经济活动领域。苏格兰启蒙学派认为,单纯依靠市场的自生自发性就可以衍生出合乎理性的现实秩序。作为建构理性主义者的黑格尔,自然不赞同这一观点,在他看来,这其实是把市场发展和社会秩序的产生视为偶然性的结果,是对绝对精神和人类理性的彻底否定。他从来拒斥偶然而追求必然,相信这些都是自由意志现实化的必然结果,是合乎理性和逻辑的结果。对他而言,社会的演化是一个漫长的过程,一种秩序的形成仅凭其自身循序渐进地演化而内生出来,不仅是一个让人倍感煎熬的过程,而且充满了诸多不确定性和危险。这是因为它既可以衍生出如同英国式的自由民主政体,又可能走向如法兰西和德意志这样让人失望的畸形政体。当大洋彼岸

## 第四章 作为自由之高阶实现的黑格尔市民社会理论

的大不列颠确立了资本主义政治制度,资本主义经济的发展一路高歌猛进之时,当18世纪末资本主义政治革命的风暴席卷毗邻的法兰西,法兰西民族接受一浪高过一浪的革命洗礼时,德意志民族仍然在旧有的封建秩序中苟延残喘。黑格尔对这种旧秩序的厌倦有切身体会,因而,他一方面赞扬法国大革命的狂放,另一方面又对英国式的君主立宪政体充满向往,认为这是人类社会最理想的组织形态,是历史的终结所在。

基于对建构理性主义的信赖,黑格尔在广泛地吸收了苏格兰启蒙学派市民社会理论的同时,又对其作出了体系性改造和理论上的翻转。首先,苏格兰启蒙学派未将道德和伦理作出区分,认为市民社会在伦理上是自足的,黑格尔则明确地把道德和伦理区分开来,认为市民社会包含于伦理部分,在其中,需要的体系、司法、警察和同业工会发挥着主要的规范作用。其次,在苏格兰启蒙学派看来,市民社会基于"经济人"追求个人私益的经济活动有其自身的运演逻辑,其秩序的形成是自生自发的,国家只能发挥有限的调节作用,因而不应过多干涉市民社会,而是应该更多依赖市场经济活动自身的运行规律进行自我调节。在存在论意义上,市民社会是优先于国家的。然而,黑格尔则认为市民社会在伦理上存在缺陷,它在运行过程中不可避免地会产生诸如贫困、战争、阶层对立等社会问题,这些问题无法单凭市民社会自身加以解决,必须有国家的介入。因而,他主张国家居于市民社会之上,对市民社会内生出的困局进行干预和调节,因而对市民社会具有决定作用。

应当说,黑格尔所进行的这一理论翻转,看到了资产阶级市民社会内在地蕴含着诸多缺陷,单凭其有限的自我调节,无法从根本上予以克服,只得求助于一种强有力的外在性权威力量,这就是国家。① 黑格尔对理性有着强烈的信心,认为它是主宰一切的历史性力量,它的现实化过程推演出了整个人类历史。人类社会的不同历史阶段,只不过反映了理性的不同实现程度,是理性发展水平和实现自身的特定阶段的不同表现。因而,"每一阶段都可以从总体上通过能表明理性特征的普遍的思维方式和生活方式来把握和理解,也可以通过能表明理性特征的每一阶段的政治和社会制度,以及它的科学、宗教和哲学来把握和理解。历史的不同时期的产生,只是反映了一以贯之的理性不同程度的实现"②。国家是理性发展的最高形式和水平,唯有它能够补足市民社会的固有缺陷。就此而言,国家在根本上决定着市民社会。

综上所述,在黑格尔所生活的时代,英国在经济和政治上所达到的现代成就令普鲁士望尘莫及。这种现实发展的滞后导致普鲁士的思想家们对现代性资本主义经济理论方面缺乏深刻认识,而英国哲学家的相关思想成果自然成为他们理解现代社会尤其是现代经济活动的主要凭借。因此,从黑格尔市民社会一章的整体架构来看,他几乎是照搬了英国启蒙思想家对市民社会的理解。他的创新之处是发挥自己的专长,运用强大的理性思维能力,从一个自由概念一环接一环地推导出整个市民社会体系乃至整个法哲学体系,其逻辑之严密,令人叹为观止,向世人展示了德意志民族特有的思辨魅力。因此,我们可以说,黑格尔延续了苏格兰启蒙学者的市民社会理论,在此基础上适当加以改造,从

---

① 黑格尔的这一理论翻转并未找到引发资本主义社会矛盾的根源所在,因而遭到了马克思的批评。马克思在市民社会与国家的关系上实现了再翻转,从而又回到了苏格兰启蒙学派,并找到了深入剖析资本主义社会矛盾的政治经济学路径。

② 赫伯特·马尔库塞:《理性和革命:黑格尔和社会理论的兴起》,程志民等译,上海:上海人民出版社,2007年,第25页。

而形成了属于自己的富有浓厚思辨色彩的市民社会理论。

## 第二节
## 市民社会中自由现实化的开展机制

黑格尔对苏格兰启蒙学派市民社会理论的借鉴,不仅包括他把市民社会视为独立于国家的另一领域,而且在阐发市民社会的动力机制、制度保障机制以及组织调节机制等方面,均与苏格兰启蒙学派具有显而易见的相似性。就此而言,我们完全可以推知,黑格尔在很大程度上赞同苏格兰启蒙学派对市民社会乃至整个现代社会的把握,认为它是对现代社会历史发展趋向的准确阐释,具有普遍适用性。本节我们将从自由现实化的视角出发,阐述黑格尔市民社会理论的具体内容,并在此过程中展现出市民社会的各构成部分与自由之间存在怎样的关联。

### 一、市民社会的动力机制:作为主观自由定在的需要的满足

上文已经指出,苏格兰启蒙思想家对人性给予了较多关注和探讨,他们的哲学、社会学、经济学和政治学均以人性理论为基础,试图对现实的社会经济生活给出合理的解释。同样,人性理论亦构成了他们解读市民社会动力机制的基础。并且,他们的这一理论思路,直接影响了黑格尔对市民社会动力机制的理解。

## (一)"经济人"假设与需要的体系

黑格尔认为,现代市民社会的运行遵循如下两个基本原则:一是个人追求一己私利的行为具有毋庸置疑的正当性,这也是人们在市民社会中开展一切经济活动的出发点和原动力;二是个人私利必须以不同个体之间的分工与协作作为普遍中介才能达成,换言之,对个人私利之实现而言,市民社会的存在是绝对必要的。

在"市民社会"部分的开篇,黑格尔即指出:"具体的人作为特殊的人本身就是目的;作为各种需要的整体以及自然必然性与任性的混合体来说,他是市民社会的一个原则。""在市民社会中,每个人都以自身为目的,其他一切在他看来都是虚无。"①也就是说,具体的个人——黑格尔称为私人——是市民社会的基本构成单元,它的存在本身就是它所有生存实践的目的,而且是首要目的。"个别的人,作为这种国家的市民来说,就是私人,他们都把本身利益作为自己的目的。"②作为现实的个人,他有实现自己生存和发展的诸多特殊需要,既有生物性个体所普遍具有的自然的生理性欲求,也有对吃、穿、住、用、行的物质性欲望,这些都是作为现实的人不可避免的必需品,也是由人的本性所决定的。因而,个人在市民社会中的一切实践活动的首要目的,就是追求个人特殊利益的满足,这也是每个市民社会成员都拥有的基本权利。在现代性语境中,合法地追求私人利益已经成为现代人的一项天赋的自然权利。但是,社会资源和自然资源毕竟是有限的,特殊的个体之间的私人欲求经常存在交叠重合之处,由此不可避免地会引发不同

---

① 黑格尔:《法哲学原理》,范扬、张企泰译,北京:商务印书馆,2013年,第197页。

② 黑格尔:《法哲学原理》,范扬、张企泰译,北京:商务印书馆,2013年,第201页。

个体之间的利益冲突。因而,黑格尔说:"市民社会是个人私利的战场,是一切人反对一切人的战场。"①而作为黑格尔哲学主体的绝对精神的利益,则是把个人的"单一性和自然性通过自然必然性和需要的任性提高到知识和意志的形式的自由和形式的普遍性的这一过程中,存在于把特殊性教养成为主观性的这一过程中"②。当然,这些都是借助于个人对私人利益的追求活动来实现的,而个人本身却不能意识到这一点,这就表现为黑格尔所谓"理性的狡计"。在理性的狡计的主导下,个人在追求私利的同时也实现着绝对精神所追求的普遍利益。

显然,黑格尔几乎是完全照搬了苏格兰启蒙学派的做法,把个体作为市民社会的主体和探讨市民社会的起点。这种个体不是抽象的、开展"我思"活动的理性人,而是具体的、参与经济活动的斯密式"经济人"。斯密的古典政治经济学将人视为"理性的经济人",他认为在市场经济活动中,从事经济活动的人具有完全的理性,在计算性理性的指引下,人们通过与他人的经济交往活动来实现自身利益的最大化。从根本上讲,一切经济行为都受个体自身欲望的驱使,寻求自利是人们开展经济活动的原动力。表面上看,有利于他人利益甚至普遍利益的经济行为在市场经济活动中随处可见,例如,住宅区的便利超市为人们的日常生活提供了极大便捷,无疑地是对人们有利的。从根本上看,这却是超市老板出于自利的行为。在《国富论》中,斯密有如下一段著名的描述:"我们每天所需的食料和饮料,不是出自屠户、酿酒家或烙面师的恩惠,而是出于他们自利的打算。我们不说唤起他们利他心的话,而

---

① 黑格尔:《法哲学原理》,范扬、张企泰译,北京:商务印书馆,2013年,第309页。
② 黑格尔:《法哲学原理》,范扬、张企泰译,北京:商务印书馆,2013年,第201页。

说唤起他们利己心的话。我们不说自己有需要,而说对他们有利。"①也就是说,市场经济活动中普遍利益的实现,是所有个体在追求自利的过程中自发产生的结果。每个人都追求自己的利益,自然而然地会导向整体利益的最大化,最终推动经济的发展和社会的进步。

在市民社会中,人们对个人私利的追求是一切经济活动的出发点,也是市民社会持续发展的动力源泉。当然,这首先是基于人的自然需要,即人的吃、喝、住、穿等为生存所必需的普遍需要,其次才是观念的精神需要。后一种需要既以前一种需要为基础,又是对它的超越,从而成为人追求普遍性的表征。黑格尔认为,这两者是市民社会中所有人都具有的社会需要,人们的一切经济行为都可看作是为了满足这两种需要。动物同样有其需要,但"动物用一套局限的手段和方法来满足它的同样局限的需要"②,相比较而言,人作为一种超越性的存在,在需要和满足需要的手段方面具有"殊多性"。更确切地说,人是通过多种多样的劳动来实现需要的满足的,劳动是主观性和客观性的中介,通过劳动,人们不仅满足了自身的需要,同时也满足着他人的需要,因而,劳动是个人与他人的需要相互满足的方式。正是从需要及其满足方式的劳动这两个概念出发,整个市民社会得以建构起一套有序的运行机制。黑格尔毫不避讳英国古典政治经济学对他产生的直接影响,他坦言:"政治经济学就是从上述需要和劳动的观点出发","这是在现代世界基础上所产生的若干门科学的一门",这门科学的发展为人们呈示出"思想(见斯密、塞伊、李嘉图)是怎样从最初摆在它面前的无数个别事实中,找出事物简单的原理,即找出在事物中发生作

---

① 亚当·斯密:《国富论》,郭大力、王亚南译,北京:商务印书馆,2019年,第12页。

② 黑格尔:《法哲学原理》,范扬、张企泰译,北京:商务印书馆,2013年,第205页。

用并调节着事物的理智"。① 黑格尔在此特意标注出这三位政治经济学家及其著作,是他的市民社会理论深受英国经验主义影响的一个有力佐证。

基于以上分析,我们可以得出如下结论:第一,黑格尔不仅将人的需要及其满足作为市民社会探讨的起点,而且将它视为人们从事经济活动的原动力。正是在每个人追求自身需要之满足的经济活动中,市民社会得以建构起来。这些观点无疑都直接来自英国的亚当·斯密和大卫·李嘉图的古典政治经济学。黑格尔信奉哲学不能超出其所处的时代预测未来,只能对现实作出解释。秉持着这一观念,他认为自己缺少体认现代资本主义市场经济的现实境遇,无法给出属于自己的相关解释,因而只能采取直接的"拿来主义"的策略,几乎是照搬了英国古典政治经济学理论,鲜有改造和创新。第二,苏格兰启蒙思想家们肯定了人的自然欲求的合理性以及对此欲求的追求权利,认为这种欲求的实现有助于人们摆脱其自然规定性的束缚,达到一定程度上的自由状态。黑格尔充分吸收了这种典型的自由主义观点,认为追求需要之满足是人所普遍具有的权利和自由,并且,需要的对象其实就是主观自由的定在,对需要对象的追求,是人们对低级层次自由之追求的客观表达。正是人们对这种客观自由的追求,现实地驱动着人们的市场经济活动。

## (二)劳动分工与等级划分

人的需要是多种多样的,仅凭个体自身不可能完全实现。家庭只能满足人们极为有限的需要,要获得更多形式的需要,只能走出属于

---

① 黑格尔:《法哲学原理》,范扬、张企泰译,北京:商务印书馆,2013 年,第 204 页。

私人领域的家庭,进入属于公共领域的市民社会才能实现。需要的对象本身具有社会性,是不同个体之间通力合作的结果。在市民社会中,劳动是人们满足自然需要与精神需要的实现途径,是与理论教育并列的实践教育。一方面,人们通过劳动的实践教育,了解了物质的性质,学会了遵循自然界的规律;另一方面,劳动更多的是群体性活动,在群体性劳动中,个人之间通过相互磨合、妥协而达到相互理解,和谐共处,从而适应过群体生活的要求。黑格尔具有明显的社群主义倾向,他认为人本质上是社会性存在,天然地向往过共同体的生活。从现实的角度讲,个人仅凭个体的独立劳动,无法满足自身的需要,只有通过同他人的协作劳动,才能最大程度地满足自己的需求。因而,劳动的手段和需要的精细化会导致生产的精细化,而生产的精细化必定导向劳动分工。

劳动分工不仅意味着社会的分化,而且意味着社会的整合。这是因为:其一,劳动分工是拥有利己心的个人追求私利最大化的结果,但是,分工使得劳动的精细化、专业化反过来又促进了产品的丰富,满足了更多人的需求,不自觉地产生了普遍福利。用黑格尔的话说,就是"主观的利己心转化为对其他一切人的需要得到满足是有帮助的东西,即通过普遍物而转化为特殊物的中介。这是一种辩证运动。其结果,每个人在为自己取得、生产和享受的同时,也正为了其他一切人的享受而生产和取得"[①]。分工使得单个人作业不再是理智的做法,必须诉诸不同个体间的联合,因而,人与人之间的相互依赖和协作的积极意义得以凸显。其二,与此相关,分工的一个积极后果是增加了普遍利益和财富,因分工和占有财富多寡的差异,必然导致社会分化为

---

① 黑格尔:《法哲学原理》,范扬、张企泰译,北京:商务印书馆,2013年,第210页。

## 第四章　作为自由之高阶实现的黑格尔市民社会理论

诸多等级,在不同的领域中,将同一种类的个体整合为一个共同体。这既是社会分化的结果,又是不同领域的整合进而走向整个社会之整合的一个重要环节。

一如上述,劳动分工和财富的不平等,必然导致社会分化为不同等级。"无限多样化的手段及其在相互生产和交换上同样无限地交叉起来的运动,由于其内容中固有的普遍性而集合起来,并区分为各种普遍的集团。"①在黑格尔看来,市民社会衍生出不同的等级具有必然性,它是私人的利己行为必然会导致的结果。分属不同等级的人们追求私利的行为又会聚合起一定程度的普遍性利益,这一点同英国古典政治经济学的说法也是一致的。黑格尔认为,市民社会存在三个等级:实体性等级、产业等级和普遍等级。

第一,实体性等级指的是农业等级。"实体性的等级以它所耕种土地的自然产物为它的财富"②,因而,它的主要对象是土地耕作,由于土地耕作是在充满各种偶然性的季节中进行的,"这一等级的需要就以防患未然为目的"③,只要能够减少季节的诸种不确定性给农业活动带来的不利影响,合理地组织耕作活动,就能获得理想的收成,这是农业等级最朴素的需要。同时,与自然条件的直接关联,"使它保持着一种不大需要以反思和自己意志为中介的生活方式"④,并拥有一

---

① 黑格尔:《法哲学原理》,范扬、张企泰译,北京:商务印书馆,2013年,第211页。
② 黑格尔:《法哲学原理》,范扬、张企泰译,北京:商务印书馆,2013年,第212页。
③ 黑格尔:《法哲学原理》,范扬、张企泰译,北京:商务印书馆,2013年,第212页。
④ 黑格尔:《法哲学原理》,范扬、张企泰译,北京:商务印书馆,2013年,第212页。

种"以家庭关系和信任为基础"的伦理情绪。① 黑格尔认为,这一等级的需要主要集中在"食"这一最基本的生存需要上,它可以通过人们在土地上的辛勤劳动而直接获得,无须更高层次的理智和反思参与其中。由于它所欲求的对象主要依赖自然界的赐予,屈从是这一等级的人们的主要性格,与之对应的就是家长制的生活方式。

第二,需要较多理智和反思参与的是产业等级,它是手工业者和工商业者所组成的等级。对这一等级而言,土地生产出的自然产物只是保障他们生存的生活资料和进一步生产加工的原材料,因而,他们与自然界的关联程度并不像第一等级那么密切,相反,他们所追求的需要,更主要的是依靠他们自身的劳动实践来满足。手工业者根据特殊要求,通过具体的方式来满足具体个人的需要;产业工人通过较为抽象的集体劳动来满足较为普遍的人们的需要;商业从业者通过货币交换的形式促进商品在市场上的流通,借以满足普遍群体的需要。在产业等级中,每个人都主要地依靠自己,这使得这一等级的人们存在两个方面的特点:其一,他们拥有较强的独立性和强烈的自尊感,因而获得自由的欲望特别强烈;其二,无论是手工业者还是工商业者,他们普遍具有对秩序的渴望,唯有一个健全、稳定的秩序,才能保障他们正常有序地开展生产和交换活动,进而实现自身需要之满足。在这方面,法治是他们建构秩序的主要凭借。总之,产业等级是支撑市民社会运转的主导性力量,也拥有对自由和秩序更高的需求。

第三,普遍等级是指"以社会状态的普遍利益为其职业"的等级,政府官吏、皇室贵族属于这一等级。由于普遍等级的"私人利益就可

---

① 黑格尔:《法哲学原理》,范扬、张企泰译,北京:商务印书馆,2013年,第212页。

在它那有利于普遍物的劳动中得到满足"①,他们是无私的,不以追求自身的私人利益为活动目标。但是,这种无私应以其拥有私产或由国家给予优厚待遇为前提,如此才能确保其个人不受物质欲望的左右而有违普遍利益。黑格尔还将普遍等级称为中间等级,认为他们具有高度的教养和卓越的才能,是国家法治和社会治理的主要支柱,是作为特殊性存在的市民社会成员与作为普遍性实体的国家之间进行沟通的中介,也是维护国家作为最高伦理实体之存在和实现真正自由的最重要等级。

综上可知,黑格尔基本延续了苏格兰启蒙学派的做法,直面人性的基本事实来探究人们在市民社会中追求自由的实践活动。人们的诸种需要是其欲望的现实体现,受欲望所驱使的人必定是不自由的,因而,人们要追求自己需要亦即欲望的满足,只有满足了这些需要,人们才能将"我欲求……"的主观意志转化为现实性,达到主观自由的定在。为此,人们不得不进入市民社会,通过与他人的协作劳动来满足各种特殊性需要。由于劳动分工的不同,人们被划分为不同等级,他们在各自的领域中追求自身需要的满足,在此过程中不仅创造着物质财富,推动着文明的发展和社会的进步,也创造着贫富分化和社会不平等,由此交织构建起一个纷繁复杂的市民社会。

## 二、市民社会的保障体系:捍卫客观自由的社会诸规范形态

市民社会的有效运行不仅需要一种强有力的动力机制来推动,而

---

① 黑格尔:《法哲学原理》,范扬、张企泰译,北京:商务印书馆,2013年,第214页。

且需要一套完善的保障体系来建构稳定的秩序,这既能够为市民社会的发展提供一个优良的制度环境,也能够捍卫人们已然实现的客观自由。在《法哲学原理》中,黑格尔从法律制度和公共权力机构的组织调节两个方面,阐述了市民社会的保障体系。这两个方面所涉及的要素,诸如法律、警察和同业公会,同时也是捍卫客观自由的社会规范的几种形态。

## (一)法律的制度性保障

在市民社会中,人们通过劳动而产生的财富以及市场经济活动的有序开展,都需要法律的确认和保护。黑格尔说:"只有在人们发现了许多需要,并且所得到的这些需要跟满足交织在一起之后,他们才能为自身制定法律。"[1]也就是说,人的需要及其满足既是法律出现的前提,又是人们创制法律的目的。法律之所以得以产生,是因为"法对人的需要说来是有用的,所以它才变成实存"[2]。对需要的满足就是客体化的财产,它意味着人达到了主观自由的定在,但这种自由又是不牢靠的,还只是停留在自身,没有获得他人的承认。"我占有某物,它在无主状态中被我占有因而成为我的所有物,但这种占有还必须经过承认和设定才能作为我的。"[3]如果市民社会是一个缺乏规范的丛林社会,那么私人性质的财产随时都可能被他人所侵害,人所达到的客观自由随时都面临被侵害甚至剥夺的危险。为了解决所有人都可能

---

[1] 黑格尔:《法哲学原理》,范扬、张企泰译,北京:商务印书馆,2013年,第218页。

[2] 黑格尔:《法哲学原理》,范扬、张企泰译,北京:商务印书馆,2013年,第218页。

[3] 黑格尔:《法哲学原理》,范扬、张企泰译,北京:商务印书馆,2013年,第227页。

## 第四章 作为自由之高阶实现的黑格尔市民社会理论

面临的这种困境,市民社会内在地吁求法律的出场,它可以在普遍意义上确认每一个体拥有私人财产亦即获取客观自由的正当性,并为其提供保护,同时,也对人们的经济活动产生现实的约束力,从而确保整个市场活动有序进行。所以,法律的出现并扮演重要角色是市民社会发展的必然结果。

法律要保障人的财产和经济行为,需要具有绝对的权威,对市民社会所有成员具有普遍约束效力。那么,法律的权威和普遍约束力的来源是什么呢?黑格尔对此进行了抽象的概念性分析。他认为,法是从普遍性的原则高度对人们的市场活动行为进行规范。其作用有二:第一,法律保护个人的私有财产,申明个人对其通过合法劳动所获得的财产拥有所有权,并得到他人的普遍承认。第二,法律为人们的经济交往行为提供一套具有普遍约束力的行为准则,从制度上为人们开展经济活动提供稳定的秩序环境。市民社会是个人逐利的战场,在这里,每一个拥有利己心的个人都在为追求私利而作出自利的行为,这就有可能产生不同个人利益交叠冲突的情况,或者个人在追求自身特殊利益的过程中会对他人的利益造成损害。为了避免这种冲突的产生,有必要诉诸一个中立的、无所偏倚的普遍性权威,预先制定出一套普遍性的规则来规范人们的经济活动。法律作为自在的法的定在,旨在维护共同体的普遍利益,因而,法律的制定和执行必须恪守其普遍性,摒除带有特殊利益的主观感情。这就决定了它只能由普遍等级胜任,因为普遍等级以实现普遍利益为原则,能够确保最大程度的中立,无所偏倚地处理市场经济活动中特殊性的利害关系。

要发挥法律的普遍规范效力,一个必要的前提是人们必须知法和懂法,然后才能遵守法律,进而发挥法律的现实规范功能。因而,黑格尔非常强调教育对市民社会成员的教化作用,认为市民社会有义务对其成员担起教育的职责。但无论教化工作做得如何到位,市场经济活

## 自由与市民社会的关系研究
### ——以黑格尔《法哲学原理》为中心

动中总免不了出现侵害他人利益的犯罪行为。任何违反法律的犯罪行为都应受到法律的惩罚,因为犯罪行为不仅对某一个体造成了现实侵害,而且是对代表普遍意志的法律的侵害,违背了普遍利益。同时,对违法者作出法律惩罚,实质上也是对其作为一个拥有理性和自由意志的人格的承认和尊重。法院存在的目的是伸张正义,是惩罚侵害人们权利的行为,纠正人们与普遍性相背离的自利行为,使之重新被纳入符合共同体伦理的范围。

法律的普遍性并不意味着它是僵死的条条框框,而是处于不断生成与自我更新的过程之中。"法律的范围一方面应该是一个完备而有系统的整体,另一方面它又继续不断地需要新的法律规定"[①],以此适应不断变化发展的新形势,因而它需要因应社会历史的变化而不断被改进和修正。这显然是黑格尔的辩证法在市民社会中的一种具体运用。

以上我们分别阐述了法律对个人财产的保护以及对人们之间的经济关系、经济行为的规范作用。然而,在市民社会部分的"司法"一节中,黑格尔主要探讨的是法律对财产所有权的承认方面所发挥的积极作用,几乎没有直接涉及法律对人与人之间的关系所具有的规范功能,这就很容易给人造成一种假象:似乎黑格尔只关注法律对于保障人们的财产所有权所具有的积极意义,而忽略了它对市场经济行为的规范性价值。对此,我们可以为黑格尔作出如下辩护:在"抽象法"部分有关所有权的讨论中,黑格尔已经阐明了人与人之间的关系,往往是通过人与物之间的关系呈现出来的,换言之,物是人与人关联的中介性环节。如果将这一观点运用于"司法"部分,就会发现,黑格尔关于法律对财产所有权的保护的论述,实质上就是对市民社会中不同个

---

[①] 黑格尔:《法哲学原理》,范扬、张企泰译,北京:商务印书馆,2013年,第225页。

人之间关系的调节和规范的论述,二者是二而一的。同时,由于财产是个人自由的原初定在,个人的自利行为是对这种原初定在的追求,法律的调节和规范既是对人业已实现的自由的肯定和保护,又为人们继续更高层次自由的追求创造了一个有利的外部环境。

(二)警察与同业公会的组织保障

虽然法以实定法的形式为个人的私人财产所有权和市场经济活动提供了一种外在性的制度保障,使得个人自由成为实存,但法本身却存在局限,"这个法只局限于一个范围,它仅与所有权的保护有关。对这种意义的法说来,福利是一种外在的东西"①。为了增进个人福利,市民社会需要借助于警察和同业公会这些公共权力机关和经济活动参加者的自组织机构。警察的监督和管理是一种外部调节,同业公会则是市民社会从内部进行的自我调节,两者为市民社会的有序运行提供了组织性保障。

1. 警察

黑格尔这里所谓的警察,并非如我们今天所说的一种维护公共安全的职业,而是一种公共权力机构,其职责是除军事、外交、财政之外的一般内务行政。例如,"警察必须负责照顾路灯、搭桥、日常必需品价格的规定和卫生保健",其"目的在于成为个人与普遍可能性之间的中介"②。黑格尔认为,既然市民社会接纳了走出家庭的个人,使之成为自身的成员,并将其置于偶然性的支配之下,那么它就应该对个人负有照管义务,并积极地捍卫他的权利,保障他的自由。同样,个人也

---

① 黑格尔:《法哲学原理》,范扬、张企泰译,北京:商务印书馆,2013 年,第 237 页。

② 黑格尔:《法哲学原理》,范扬、张企泰译,北京:商务印书馆,2013 年,第 240 页。

应遵从市民社会的约束。市民社会是偶然性活跃的场所和中介的基地,是"个人私利的战场,是一切人反对一切人的战场,同样,市民社会也是私人利益跟特殊公共事务冲突的舞台,并且是它们二者共同跟国家的最高观点和制度冲突的舞台"①。在市场经济活动中,尽管不同个体因其追求私利的活动可能会导致人们之间的冲突,但"正确的关系会在整体中自然而然地建立起来"②。这表明,和苏格兰启蒙学派哲学家一样,黑格尔也承认市民社会具有自我调节的能力,人们在追求自利的同时,自然而然地会产生对公益的诉求,因而,市民社会成员之间会自发地形成合乎整体利益要求的关系。虽然如此,黑格尔似乎对这种自发形成的关系并未抱有太过乐观的态度,而是认为即便市民社会能够内生出一种"正确的关系",但为了平衡各方利益,仍需要有凌驾于冲突双方之上的警察进行调节。并且,不同个体间利益的冲突,是公共权力机关存在的合法性的前提。

警察的职能并不限于调节个体之间的利益冲突,它还负有对市民社会成员开展教育和救济的职责。一方面,市民社会有监护儿童的权利和义务,以此防止父母的偶然性和任性给儿童造成不利的结果。由于教育能够更好地将儿童培养成具有市民社会成员所必备的能力,公共权力机关应对儿童的教育实践予以干涉,必要时可采取强制措施。另一方面,劳动分工以及各人的先天禀赋、后天技能等方面的不平等造成了社会财富分配不均,从而导致了贫困问题。对此,市民社会有责任对其施以救济,从而保障所有人的个人价值和自由得到最大程度的实现。同时,这也有利于避免社会动荡,为个人的生存和发展营造

---

① 黑格尔:《法哲学原理》,范扬、张企泰译,北京:商务印书馆,2013年,第309页。

② 黑格尔:《法哲学原理》,范扬、张企泰译,北京:商务印书馆,2013年,第239页。

第四章　作为自由之高阶实现的黑格尔市民社会理论

一个良好的社会环境。

2. 同业公会

如果说警察对市民社会的监督和管理还只是外在的调控的话,那么同业公会则是市民社会内部进行的自我管理与调节。同业公会是由参与市场经济活动的手工业和工商业从业者依据其自身技能自行结成的劳动组织,它旨在保护本行业从业群体的特殊利益,调节行业内部不同个体之间的经济关系,维护本行业内部正常的生产和经营秩序。它只为产业等级所特有,农业等级和普遍等级不存在这一联合组织机构。

同业公会是由属于产业等级的劳动群体自发组织的,是"特殊利益和普遍利益在其中相汇合的集团"①。黑格尔把普遍等级规定为中间等级,把产业等级排除在外,因而他那里的中间等级不同于我们今天所说的中产阶级。②虽然如此,但从黑格尔对市民社会所作的描述来看,产业等级却属于市民社会中最有活力、与市场经济活动关联最为密切的等级,是整个市民社会的新生力量。就此而言,产业等级在社会中的地位和作用反而与现代语境下的中产阶级相似,后来马克思

---

① 黑格尔:《法哲学原理》,范扬、张企泰译,北京:商务印书馆,2013年,第310页。

② 按照黑格尔的说法,中间等级是沟通作为普遍性的国家与作为特殊性的市民社会中的私人之间的中间环节和纽带,"政府成员和国家官吏是中间等级的主要组成部分",但贵族不算中间等级。"国家的意识和最高度的教养都表现在国家官吏所隶属的中间等级中。因此中间等级也是国家在法制和知识方面的主要支柱。没有中间等级的国家,因而还是停留在低级阶段的。……这个中间等级的形成,是国家的最重要的利益之一。"(黑格尔:《法哲学原理》,范扬、张企泰译,北京:商务印书馆,2013年,第314、315页。)而现在流行的中产阶级概念则是一个更为复杂的概念,意指这样一个群体:物质生活相对富裕,社会地位较高,受过良好的教育,从事技术性的脑力劳动的群体,居于现阶段社会的中间水平。因而,黑格尔所区分的三个等级中的人都有可能被归入中产阶级之列。

所推崇的无产阶级正是属于黑格尔这里的产业等级。虽然黑格尔看到了产业等级的活力,却忽略了无产阶级的先进性和革命性是社会进行自我革新的根本性力量。这恰恰体现出马克思的高明之处。

黑格尔认为,同业公会是继家庭之后代表真正伦理生活的另一种形式。在这种形式中,个体在与他人联合的组织中发现了自由。"人作为伦理性的实体,除了他私人目的之外,有必要让其参加普遍活动。"①但是,国家事务主要由普遍等级参与,产业等级基本被排除在外。同业公会作为一种相对普遍的组织机构,可以满足人们的这种需求,让人们过上有别于家庭的伦理生活。在同业公会中,个体意识到他不仅在为自己劳动,也在为他人工作。正是在这种相互协作的劳动中,个体的需要和他人的需要同时得到了满足,从而获得了一定程度的自由。同时,产业等级中的个体只有成为同业公会的成员,才能在他所属的等级中具有应有的尊严,获得他人的承认,进而成为真正的实存,"因为唯有合法组成并经承认的共同体才是在市民社会中实存的"②。

虽然同业公会作为产业等级中人们维持正常经济活动秩序的组织,能够从内部协调各方的利益关系,是朝向普遍利益发展的中介环节,但同业公会必须接受国家的监督,否则就会有陷入僵化的危险,从而退化为落后的行会制度。用黑格尔的话说,同业公会作为市民社会自我调节的一种组织机构,仍然有太多的偶然性在此聚合,个人之间的利益关系无法完全达到和谐共处的局面,因而仍有其自身无法克服的缺陷,这些缺陷只有借助于国家才能克服。显然,黑格尔在此已经

---

① 黑格尔:《法哲学原理》,范扬、张企泰译,北京:商务印书馆,2013 年,第 251 页。
② 黑格尔:《法哲学原理》,范扬、张企泰译,北京:商务印书馆,2013 年,第 250 页。

## 第四章　作为自由之高阶实现的黑格尔市民社会理论

与苏格兰启蒙学派分道扬镳了,因为后者对市民社会本身的自我修复功能充满信心,认为它远远优于国家这种利用外在行政手段的干涉所能达到的效果。在他们的理论中,"小政府、大社会"才是最为理想的社会治理状态。

按照我们在上文中厘定的逻辑,人们对自由的追求导致了商业文明的产生和发展,而商业文明必然衍生出市民社会,市民社会的勃兴又会自然导出中产阶级为主导的社会。在市民社会中,一方面,自由是人们的共同追求;另一方面,中产阶级有较为殷实的经济基础,以合理的个人利益为行动的出发点,又受到良好的教育,有强烈的公共精神和自治能力,他们理性的经济行为内在地要求秩序和规则,因而,一个法治的社会自然就是他们的理想社会形态。同时,出于弗朗西斯·福山所谓"'平等意识',即获得与其他人平等的认可的欲望"[①],中产阶级又有天然的平等精神,他们不盲目崇拜政治权威,更加信奉个人理性,在政治上表现为积极地参与政治生活,参与国家和社会治理,因而,富有弹性的自由民主社会成为他们致力追求的社会。这些自由主义者所秉持的理念在黑格尔的市民社会理论中都有迹可循。由此可见,虽然长久以来黑格尔被置于自由主义者的对立面,但我们有充分的理由认为黑格尔关于现代社会的理论,广泛而深入地借鉴和吸收了英美自由主义者的研究成果,二者之间并非决然对立的关系。

以上我们分析了黑格尔的市民社会理论所呈示的现代市民社会的运行机制。市民社会作为自由意志的一个发展阶段,它的构成部分——需要的体系、司法、警察与同业公会——也是自由意志在自我实现的历程中所展现出的现实形式。也就是说,人们对自由的追求必

---

① 弗朗西斯·福山:《历史的终结及最后之人》,黄胜强、许铭原译,北京:中国社会科学出版社,2003年,第207页。

然逐步演化出市民社会及其各构成环节。市民社会本身具有一套合乎理性的运行机制,在这一机制中,人们对满足自身需要的不断追求是市民社会得以运行和发展的内在动力,司法、警察和同业公会分别构成了市民社会有序运行的制度与组织保障,从而构建起一个稳定而又富有弹性的社会秩序。质言之,秩序的形成是人们追求自由的结果,也是自由达到定在的根本要求。同时,这种由人的自由意志追求自我实现的过程中所内生出的社会机制,反过来又客观地保护着已然达到的自由,并且,良好的秩序为人们进一步达到自由的完全实现提供了一个有利的外部环境。黑格尔深信,人们能够在现实中而非在抽象的自我意识的反思中实现真正的自由,在这方面,他显然比康德要乐观得多。

# 第三节
# 市民社会的内在困境与自由进阶的出路

虽然黑格尔承认市民社会具有极强的自我调节、自我修复能力,但它不可避免地内生出一些社会痼疾,例如,贫困问题、物质匮乏问题、生产与消费不平衡问题以及社会的阶级分化问题……它们威胁着社会的稳定秩序,单凭市民社会自身无法解决,只得诉诸更高层次的伦理实体亦即国家来应对。更有甚者,有些社会问题是现代资本主义社会根本无法克服的。但恰恰是在不断地试图解决这些社会固有矛盾的过程中,自由不断进阶,社会制度逐渐完善,人们无限地趋近真正的自由。

# 一、市民社会引发的内在问题

按照黑格尔的描述，市民社会自身衍生出的法律制度、公共权力机关和自组织机构，从制度和组织两个方面保障市民社会的有序运行。虽然如此，市民社会内部依然充满矛盾和冲突，内生出诸多问题干扰它的健康运行。

## (一) 不平等问题

黑格尔认为，不平等是一切社会形态存在的普遍现象，它的存在具有合理性。其一，"自然就是不平等的始基"[①]，自然意味着偶然性，从根本上讲，不平等源于偶然性。人天生就有美丑、高矮、智力高下之别，这是人与生俱来的不平等。以此为基础，在后天的发展中，人还会产生理智教养和道德教养等精神层面的不平等。其二，在这些自然的和精神的不平等基础之上，人们之间还会产生财富占有上的不平等。各人在通过劳动以满足自己特殊需要的过程中，由于诸多偶然性的差异，诸如各人资本的不同，各人本身所具有的劳动技能的不同，以及先天禀赋的差异，通过劳动而获得的财富不平等。

总之，黑格尔认为，不平等一方面是自然地产生的，另一方面又是理念自身发展出来的。它的存在合乎理性，因而人们应当尊重这种不平等，而不是一味地反抗甚至妄图消除不平等。在他看来，"提出平等的要求来对抗这种法，是空洞的理智的勾当，这种理智把它这种抽象

---

① 黑格尔：《法哲学原理》，范扬、张企泰译，北京：商务印书馆，2013年，第211页。

的平等和它这种应然看做实在的和合理的东西"①。也就是说,反抗不平等从而提出平等的要求是不尊重自然的任性的表现,也与合理性相背离,因而是不可取的。但是,市民社会并非要无视不平等,因为它对弱势群体负有救助的义务,这既出于人怜爱弱者的天性,又是市民社会作为伦理实体的内在要求。

### (二)贫困问题和贱民的产生

在市民社会有序运行的过程中,一方面,随着劳动分工的不断扩大、劳动技能的不断提高和生产工艺的不断革新,社会的生产力水平逐步得到提高,社会总财富日渐增加;另一方面,与之相伴随的是社会劳动的进一步细分所导致的从事体力劳动的阶级被剥削的状况日益加剧,进而造成他们的贫困,使得"这一阶级就没有能力感受和享受更广泛的自由,特别是市民社会的精神利益"②。此外,偶然的、自然界的和外部关系中的各种情况,都可以使个人陷于贫困。③ 这些最终导致了阶级分化和不同阶级之间贫富差距扩大的现象,并呈现出不断加剧之势。

贫困问题会引发诸多社会问题,其中,黑格尔最为关注的是贱民的产生。他认为,如果社会中一部分人因贫困造成生活水平落后于一般的社会生活水平,进而丧失了常人所具有的正义感和自尊心,那么他们就沦为了"贱民"。贱民一方面是物质匮乏造成的,另一方面是沾

---

① 黑格尔:《法哲学原理》,范扬、张企泰译,北京:商务印书馆,2013 年,第 211 页。
② 黑格尔:《法哲学原理》,范扬、张企泰译,北京:商务印书馆,2013 年,第 244 页。
③ 黑格尔:《法哲学原理》,范扬、张企泰译,北京:商务印书馆,2013 年,第 243 页。

染上懒惰、浪费、无羞耻心、无尊严感的恶劣习气而产生的。他们对富人、政府和社会具有强烈的仇视与反抗心理,因而是市民社会中潜在的不稳定因素。虽然市民社会对陷于贫困的群体有救助的义务,可以通过给予他们生活资料的方式实行救济,但这又违反了市民社会的原则,即通过自己的劳动来求得自身需要的满足,也伤害了个人独立自尊的感情,甚至可能加剧贱民的产生。按照黑格尔的这种逻辑,当代西方资本主义所施行的福利社会其实是一种悖论,不可能从根本上解决贫困的问题。

此外,市民社会还存在其他社会问题,例如,人们为满足无限的欲望而进行的毫无停歇的经济活动所引发的生产过剩问题、不同阶层之间矛盾加剧的问题等。这些问题最终会导致社会内部的纷争不断,甚至产生出对外的侵略战争,从而动摇市民社会存在的根基。

以上这些问题表明,市民社会作为继家庭之后的第二种伦理实体,具有与家庭截然不同的规定。家庭以爱为本质规定,在其中,无论是夫妻之爱,还是父母与子女之间的爱,都是自然而然的,是出于生理需求或血缘关系而产生的伦理感情。但到了市民社会之中,一切人都受利己心的驱使,通过与他人之间的经济交往活动来满足自己的需要,实现自己的利益。然而,社会资源终归是有限的,物质匮乏与人的欲求的无法满足之间存在无法解决的矛盾,由此将市民社会的成员陷于无限的利益纷争之中。因而,市民社会是一个冷冰冰的陌生人社会,"经济人"的计算性思维充斥其间,社会的分化与整合相反相成,人类共同体分化为不同阶层、阶级的不同群体,每个人的生存和发展状况迥异,这就表征着各人的自由在实现程度上的差异。黑格尔认为,个体的生活状态是其自由实现程度的一种外在表现,个体处于一种怎样的生存状况表明他达到了自由的何种层次。如此说来,在市民社会中,人们所达到的自由只是相对而言的,一些人所达到的自由程度比另一些人要高,其现实表现就是分属不同阶层的人们所拥有的物质财富和政治权利的不平等。这表明人们在市民社会中所达到的自由还不是真正的普遍自由。

## 二、问题的解决

黑格尔认为,市民社会虽然拥有自我调节能力,但对其衍生出的上述痼疾却无能为力,只得借助于更高层次的伦理实体——国家——才能最大程度地予以克服。因而,根本上讲,国家必须超越于市民社会。黑格尔说:"怎样解决贫困,是推动现代社会并使它感到苦恼的一个重要问题。"[①]当然,不仅仅是贫困问题,不平等、异化、贫富差距扩大、物质匮乏等问题,都是市民社会本身所无法根除的,这就成为现代国家存续之合法性的一个强有力的辩护理由。

事实上,对于不平等问题、贫富差距扩大问题和物质匮乏问题,黑格尔并未提出一个有效的解决方案。一方面,他赞同市民社会对其成员负有救助的责任,有对成员进行教育的职责,借以提升人们的道德教养、理智教养以及生存技能;另一方面,他又认为这些福利性措施有可能导致贱民的产生,进而危及社会的稳定。这种理论上的自相矛盾,表明他在此问题上不仅态度暧昧不明,而且没有从根本上消解这些问题的方法。当然,我们也可以作如下理解:黑格尔认识到这些问题的产生是市民社会发展的必然结果,仅凭其自身无法解决,这就为更高层次的伦理实体亦即国家的介入留出了地盘。

尽管如此,黑格尔仍然对贫困问题作出了较多思考。根据黑格尔

---

① 黑格尔:《法哲学原理》,范扬、张企泰译,北京:商务印书馆,2013年,第245页。

的分析,生产与消费的不平衡——主要是生产过剩——是导致财富过剩而整个市民社会却相对贫困这种悖论的根源。然而,生产过剩又是市民社会发展的必然结果。要解决生产过剩问题,人们不得不寻求更广阔的消费市场,如此一来,开辟国外市场就成为摆在人们面前的必然选择,走上殖民扩张的道路成为市民社会发展的必然,"成长了的市民社会都被驱使推进这种事业——零散的或系统的"①。"市民社会被驱使建立殖民地。单是人口增长就有这种作用。但是,尤其在生产超过了消费的需要时,就会出现一大批人,他们已不能通过自身的劳动来得到他们需要的满足。"②由此可见,黑格尔洞察到侵略和殖民是现代资本主义工商业发展的必由之路。但他并不觉得殖民扩张有何不妥或者说"不正义",相反,他充分肯定了战争的积极作用。并且,黑格尔认为,从世界历史的眼光来看,这是绝对精神实现自身的必要环节,是达到普遍的现实自由的必经阶段,同时,开拓海外商品市场的过程也是传播文明的过程,就像拿破仑通过侵略战争将欧洲拖拽到资本主义发展道路上一样,为寻求扩大商品销售市场的侵略行为本身是国家之间进行交往的一种方式,它是"文化联络的最强大手段,商业也通过它而获得了世界史的意义"③。

如此看来,黑格尔并不反对资本主义性质的殖民扩张行为,相反,他延续了英国古典政治经济学家的分析思路和结论,认为人受需要和欲望的驱使才不断扩大再生产,最终致使生产能力远大于消费能力,

---

① 黑格尔:《法哲学原理》,范扬、张企泰译,北京:商务印书馆,2013 年,第 247 页。
② 黑格尔:《法哲学原理》,范扬、张企泰译,北京:商务印书馆,2013 年,第 247 页。
③ 黑格尔:《法哲学原理》,范扬、张企泰译,北京:商务印书馆,2013 年,第 246 页。

从而不得不拓展消费市场。此外，人口的增长也需要更多空间资源。殖民扩张使世界联系和交往更加密切，人类历史由此成为世界史，民族国家也得以催生出来。这些都直接促进了人类社会的进步。那么，我们是否可以据此认为人类的欲望推动了历史向前发展，人们无需对历史的前进进行道德判断？进言之，恶欲能否导致善德？对于这一问题，黑格尔的回答显然是肯定的。并且，在以道德的眼光来对历史作判断方面，他显然是一个后果主义者，认为只要历史能够向前推进，即便手段和过程充满血腥也不足为虑。因而，他盛赞战争对民族国家的发展具有积极的作用，相信战争有利于民族的健康，能够促进民族的自我更新、自我净化。这显然是一种过激的观点。相比较来说，康德倡导的永久和平才是绝大多数人共同的理想追求，二战以来欧洲的区域融合，可以看作是对这种永久和平理念的信仰、追求和初步尝试。黑格尔却一如既往地从绝对精神的视角观照现实，认为同一或不同民族之间基于追求私利而展开的战争，不过是理性这一最高实体实现自身的工具罢了，是"理性的狡计"在支配着人们的行为，引导着人们朝着历史的终结处进发。

# 第五章

# 马克思对黑格尔自由与市民社会观点的批判与超越

　　黑格尔的自由谱系无疑是系统且深刻的。它在糅合以往经验主义自由观和理性主义自由观的基础上，运用逻辑主义的方法，以自由概念的辩证运动推演出一幅气势恢宏的现代世界图景，勾画出现代文明演进的精细历史脉络。这幅图景以自由为中心，不仅涵摄了人的主观欲望和道德，还涵盖了现实中的家庭、市民社会和国家这些生活共同体，以及维护这些伦理实体存在的法律、规则和秩序。从私人领域到公共领域，从内在的精神世界到外在的现实世界，无不被囊括其间。尤其是他在自由谱系中描绘的现代市民社会，不仅展现了他对资本主义商业社会和西方现代文明的理解与认识，而且表达了他对人类自由在当下实现程度的不满。在此基础上，黑格尔指出最高自由的实现路径和历史终结的所在，即君主立宪制下的资本主义社会。应当说，黑格尔的这些分析充满了智慧，但也暴露出理论的局限。马克思对自由与市民社会关系的认识深受黑格尔的影响。一方面，他的自由观经历了从早期的接受黑格尔式自由观到对它的否定、批判，最终以唯物史观为理论根基，形成了独特的自由理论。另一方面，他通过批判黑格尔的"国家决定市民社会"的命题，认识到市民社会对于国家的决定性作用，进而发现了从经济生活领域根除市民社会缺陷的历史唯物主义方案，由此开辟了对资本主义的政治经济学批判之路。本章将简要探讨马克思自由观的思想发展脉络，以及在此基础上他对黑格尔自由与市民社会理论的批判。本章通过引入马克思的批判视角，进一步深化对黑格尔关于自由与市民社会关系的认识。

## 第一节 马克思自由观管窥

马克思对黑格尔的自由与市民社会理论的批判，是以马克思的自由观为基点而进行的。青年时期的马克思深受黑格尔理性主义哲学的影响，表现出浓厚的思辨哲学的特征。在关于自由的理解方面，他在不同时期因为受到黑格尔和苏格兰启蒙学派等影响，对自由的理解存在明显差异，这表现为他在不同的文本语境中，马克思赋予自由概念三重不同意涵：作为自我意识的自由，作为权利的自由和作为一种存在方式的自由。[①] 在这一演变进程中，马克思不仅批判了包括黑格尔在内的德国古典哲学家们的抽象的自由理论，而且反思了英国自由主义者们所宣扬的资本主义式的有限性自由，认为自由主义自由观事实上只是停留在概念上的自由而非实质的自由，局限于有产者的狭隘自由而忽略了无产者的自由。在对此进行深刻揭露和批判的过程中，

---

① 参见李志：《试论马克思文本中的三种自由概念》，《哲学研究》2012年第7期。

## 第五章　马克思对黑格尔自由与市民社会观点的批判与超越

马克思阐述了他自己的自由观,并呈现出其自由观所具有的普遍性和具体性的特征。在成熟时期的文本中,马克思表达了自己把自由视为人的最高价值追求的观念。例如,"每个人的自由发展是一切人的自由发展的条件"[①],人的"自由而全面的发展","自由人联合体",诸如此类的表述,均可看作马克思对自由的经典表述和对理想的自由形态的理解。当然,他的自由观不是一蹴而就的,而是存在一个变化发展的过程,对黑格尔自由观的批判不仅构成了这一转变过程中的关键一环,而且蕴含着马克思关于自由与市民社会关系的真知灼见。要正确认识马克思对黑格尔自由观和市民社会理论的批判,有必要首先对其自由思想的转变过程作一简要梳理。

### 一、马克思自由思想的嬗变过程

对自由问题的思考,构成了马克思一生思想探索和革命实践的一条主线。尤其是在其青年时期的文本中,例如,在博士论文《德谟克利特的自然哲学和伊壁鸠鲁的自然哲学的差别》《论犹太人问题》《1844年经济学哲学手稿》《共产党宣言》《德意志意识形态》《黑格尔法哲学批判》《〈黑格尔法哲学批判〉导言》中,马克思都对自由问题从哲学角度进行了探讨。进入思想的成熟期后,他又从政治经济学和科学社会主义角度对自由问题作出更为深入的研究,最终形成了在思想史上具有重要价值的自由理论。

青年时期的马克思深受黑格尔思辨哲学的影响,其自由理论具有非常浓厚的抽象色彩。由于缺乏现实生活经验,他还没有完全把理论

---

①《马克思恩格斯文集》第 2 卷,北京:人民出版社,2009 年,第 53 页。

## 自由与市民社会的关系研究
### ——以黑格尔《法哲学原理》为中心

与现实关联起来的问题意识,基本上采取了一种黑格尔主义的理解进路,把自由主要视为自我意识的自由,在抽象的观念层面审视自由,基本上未形成将自由概念与社会现实勾连起来的明确意识,也没有赋予自由具体而真实的意蕴。

在博士论文中,马克思赞同伊壁鸠鲁关于原子偏离运动的观点,认为原子偶然的脱离直线的偏斜运动不仅产生了性质各异的诸种事物,而且也使自由意志的存在得以可能,是人拥有自由意志的本体论根据。在他看来,"伊壁鸠鲁哲学的原则不是阿尔谢斯特拉图斯的美食学,像克里西普斯所认为的那样,而是自我意识的绝对性和自由,尽管这个自我意识只是在个别性的形式上来理解的"[①]。这表明马克思将自我意识的自由视为伊壁鸠鲁哲学的一个核心原则,他的自然哲学就是要论证自我意识是自由的,自由是自我意识的一个本质规定性,这与黑格尔将自由视为意志的本质规定是完全一致的。马克思与黑格尔的自由观的另一个相同之处是,伊壁鸠鲁将自我意识的自由视为一种抽象的、消极的自由,认为自由是摆脱现实而遁入"自我"的精神体验,这一点遭到了马克思的极力反对。他同样采取了一种黑格尔主义的理解,认为伊壁鸠鲁所谓的自我意识的自由还只是停留在自我意识的抽象个别性,但"抽象的个别性是脱离定在的自由,而不是在定在中的自由"[②]。马克思更看重的是自我意识的自由的现实化,亦即现实的自由。在他看来,在观念中的自由还只是抽象的自由,不是真正的自由。自我意识的自由必须以其所设定的物质存在形态的方式在现实中实现出来,转化为一种"在定在中的自由",才是真正的自由。

---

① 《马克思恩格斯全集》第 1 卷,北京:人民出版社,1995 年,第 62~63 页。

② 《马克思恩格斯全集》第 1 卷,北京:人民出版社,1995 年,第 50 页。

## 第五章 马克思对黑格尔自由与市民社会观点的批判与超越

这表明,对于如何实现自由的问题,马克思反对把人对自由的追求视为人们超脱现实的精神活动,这只能造成人们沉迷于抽象的哲学研究的消极后果。相反,人对自由的追寻应该在世界哲学化和哲学世界化的过程中来现实地展开。马克思的这些分析表明,在博士论文时期,他还只是站在黑格尔的立场上来思考自由问题。

《莱茵报》时期的马克思关注的是具体的出版自由问题。他对当时普鲁士政府压制批评者的思想自由和言论自由的现象表达了强烈不满,积极撰文予以激烈的批判。在他看来,出版自由是人类自由的直接体现,"没有新闻出版自由,其他一切自由都会成为泡影"[1]。基于这一认识,马克思撰写了《评普鲁士最近的书报检查令》等一系列文章,为出版自由大声疾呼。他指出:"难道自由不是全部精神存在的类本质,因而也就是新闻出版的类本质吗?"[2]这表明此时的马克思把自由视为作为精神性存在的人的本质,作为人的精神的体现,新闻出版物也应当体现人的自由本质,因而,出版自由具有毋庸置疑的正当性。马克思对出版自由的批判,实质上表达了他对现代人拥有精神自由和言论自由的权利的确认,因此,他这里所探讨的自由是作为人的权利的自由,相较于博士论文时期对自由的抽象性理解而言,已经前进了一步。但是,他并未止步于这种具体自由之上,倘如此,那他只能算是达到了资产阶级自由主义思想家的水平。在这方面,他严厉地批判了那些只是发表"毫无根据、含糊其词、模棱两可的议论"[3]的德国自由

---

[1] 《马克思恩格斯全集》第 1 卷,北京:人民出版社,1995 年,第 201 页。

[2] 《马克思恩格斯全集》第 1 卷,北京:人民出版社,1995 年,第 171 页。

[3] 《马克思恩格斯全集》第 1 卷,北京:人民出版社,1995 年,第 188 页。

派的"自由人",认为在普鲁士自由之所以仍然只是一种幻想,与所谓的"自由人"从不考虑争取现实自由、只是坐在抽象概念的安乐椅上的玄想有关。由此我们可以窥见马克思自由观中所蕴含的现实指向。马克思的进步之处恰恰体现在他超越了当时自由主义者将自由理解为人的权利的有限性,他有更高的追求,因而只是把出版自由作为一种具有代表性的自由加以审视。在他看来,在普鲁士的专制制度下,如果出版自由都无法实现,那么人的其他自由的实现也是不可能的了。"自由的每一种形式都制约着另一种形式,正像身体的这一部分制约着另一部分一样。只要某一种自由成了问题,那么,整个自由都成问题。"①由此可见,此时的马克思不仅把现实自由确立为人应当追求的目标,而且洞见不同自由形式之间的相互关联性,因而应当实现人的全面自由。

　　走出书斋后的马克思在社会现实的触发下,思想上逐渐发生转变,由关注思辨的黑格尔主义的自我意识的自由转到关注充满现实感的出版自由、贸易自由等具体自由上来。在1859年的《〈政治经济学批判〉序言》中,马克思在描述其思想历程时,作出了如下明确说明:"1842—1843年间,我作为《莱茵报》的编辑,第一次遇到要对所谓物质利益发表意见的难事。莱茵省议会关于林木盗窃和地产析分的讨论,当时的莱茵省总督冯·沙培尔先生就摩泽尔农民状况同《莱茵报》展开的官方论战,最后,关于自由贸易和保护关税的辩论,是促使我去研究经济问题的最初动因。"②从此段话中的"第一次""最初"等表述所暗含的信息中,我们基本可以确认,此时的马克思仅仅意识到理论

---

① 《马克思恩格斯全集》第1卷,北京:人民出版社,1995年,第201页。
② 《马克思恩格斯文集》第2卷,北京:人民出版社,2009年,第588页。

## 第五章 马克思对黑格尔自由与市民社会观点的批判与超越

研究与现实生活关联起来的重要性,由此萌生了从黑格尔的影响中走出来的初步想法,开始燃起为受压迫和剥削的劳动者的自由作辩护、为他们的解放谋出路的使命感,因而尚处于意志自由向现实的政治自由转变的过程之中,而其思想转变的进一步深化和完成则是在此后才逐步展开的。

到了《黑格尔法哲学批判》时期,马克思开始反思和检讨黑格尔哲学对自己的影响,逐渐意识到"批判的武器"无法代替"武器的批判",开始从黑格尔主义的唯心主义转向了唯物主义,试图摆脱对黑格尔式抽象的自我意识的自由的追求,完全转向追求现实自由。在该文本中,一方面,马克思肯定了黑格尔对现代社会的精确把握,他认为黑格尔对人们理解现代社会和现代文明所作的一个重要贡献,是他高扬了理性原则,阐明了理性是现代社会得以运转的核心原则。另一方面,马克思认为黑格尔的理论缺陷又是显而易见的,除了贬抑情感和经验生活之外,黑格尔还将王权置于至高地位,视其为理性的最高体现,这在逻辑上必将导致君主专制,这显然属于前现代而非现代的观念。因而,黑格尔的文明观表现出浓厚的神秘主义色彩。有基于此,马克思认为黑格尔的自由观是颠倒了的自由体系,它将国家作为自由发展的最高阶段,认为只有在国家中,个人的自由才能得到真正实现,而在市民社会阶段的自由还只处于较低级的层次。马克思将这种自由体系视为一种神秘主义,它只是黑格尔在意识中臆造出来的,不是真正的现实自由。真正的现实自由,只有从人们的现实生活亦即市民社会出发才可能实现。不是国家决定市民社会,而是相反,"家庭和市民社会都是国家的前提,它们才是真正活动着的;而在思辨的思维中这一切却是颠倒的"①。然而,黑格尔固执于其绝对精神的辩证法,将自由的现实化视为一个通过绝对精神不断扬弃对象而进行自我实现的辩证运动过程,把自由这一静态的概念以动态化的形式呈现出来。这深刻地影响了马克思。他站在黑格尔这位巨人的肩上,吸收了费尔巴哈的人本学唯物主义思想资源,最终找到了实践这一革命性概念,使得他关于自由及其实现的探讨跳出了纯粹思辨的藩篱,获得了现实的根基。总之,在《黑格尔法哲学批判》中,马克思批评了黑格尔自由观上的唯心主义,指出客观自由亦即社会物质生活是主观自由的物质基础,这就展现出其自由观的历史唯物主义转向。

在《德法年鉴》时期,马克思撰写了《论犹太人问题》和《〈黑格尔法哲学批判〉导言》两个文本。通过这两个文本,马克思不仅深化了"市民社会决定国家"这一观点,而且进一步深化了对自由问题的探讨。在《论犹太人问题》中,马克思对鲍威尔将人类解放和政治解放问题混为一谈的观点进行了批判。他认为,犹太人在现实中不能获得平等权利的根本原因,不是其宗教信仰的褊狭,而是宗教本身的世俗根源即社会政治方面的原因。他指出:"宗教已经不是世俗局限性的原因,而只是它的现象。因此,我们用自由公民的世俗约束来说明他们的宗教约束。我们并不宣称:他们必须消除他们的宗教局限性,才能消除他们的世俗限制。我们宣称:他们一旦消除了世俗限制,就能消除他们的宗教局限性。我们不把世俗问题化为神学问题。我们要把神学问题化为世俗问题。"②由此,马克思把宗教问题转化为世俗问题,进而认为国家与宗教的对立根本上是国家与市民社会的对立。要消解这

---

① 《马克思恩格斯全集》第 3 卷,北京:人民出版社,2002 年,第 10 页。

② 《马克思恩格斯全集》第 3 卷,北京:人民出版社,2002 年,第 169 页。

## 第五章　马克思对黑格尔自由与市民社会观点的批判与超越

种对立,不能单凭政治解放,而是要诉诸整个人类的解放。

《〈黑格尔法哲学批判〉导言》承续了《论犹太人问题》中的这一思路,指出必须深入到宗教产生的现实基础,揭示宗教的真正秘密,才能从根本上实现对宗教的祛魅,进而获得信仰上的解放和自由。在该文本中,马克思彻底厘清了政治解放与人类解放之间的关系,指出资产阶级通过革命所实现的政治解放具有进步意义,虽然如此,但政治解放不等同于人类解放,它只是人的有限解放,但又构成了迈向人类解放的重要步骤。人类不应该停留于资产阶级所实现的政治解放,而应该积极地追求全人类的解放。这种解放只能凭借无产阶级才能实现,因为他们的生存处境达到了人的完全丧失的程度,只有他们才愿意为实现人的完全自由和解放而斗争。对他们而言,只有首先解放全人类,才能最后解放自己。"这个阶级在实现社会自由时,已不再以在人之外的但仍然由人类社会造成的一定条件为前提,而是从社会自由这一前提出发,创造人类存在的一切条件。"[①]据此,马克思赋予无产阶级以实现解放全人类的历史使命和自由解放的实践原则,认为它是全人类彻底实现自由解放的心脏。只有把革命的理论与革命的实践结合起来,才能真正实现人类自由解放的历史任务。

总之,在《德法年鉴》时期,马克思的思想发展与其之前对黑格尔法哲学所作的批判紧密相关。通过这一批判,马克思借重费尔巴哈的人本学唯物主义思想,初步清算了黑格尔思辨唯心主义的影响,完成了向唯物主义的转变。并且,他依循这种初步形成的新思维厘清了市民社会与国家之间的复杂关系,得出了不是国家决定市民社会,而是市民社会决定国家的正确结论。这一思想的提出是马克思思想发展

---

[①] 《马克思恩格斯文集》第1卷,北京:人民出版社,2009年,第16页。

历程中的重要转折。由此,他转而从市民社会中探究政治国家的起源,进而开辟了通向历史唯物主义的道路。同时,他将无产阶级确立为通过革命实践实现人类自由解放的承担者,为人类实现真正自由的主体及手段作出了初步论证。

在《1844年经济学哲学手稿》中,马克思探究自由问题的思路发生了较大转变,开始从政治经济学视角对宗教、国家和法这些抽象事物的批判,转向了对市民社会的批判。这一时期,他以异化劳动和自由劳动的对立为切入点探讨人的自由问题。在该文本中,马克思把自由概念与劳动概念直接关联起来,并围绕异化劳动问题表达了自己对自由的理解。在他看来,理想中的劳动是人自由的有意识的活动,既是人区别于动物的类属性,又是人生命活动的本真状态,更是现实的人至高无上的价值追求。不仅劳动是人的本质属性,就连整个人类社会的历史也是一部劳动异化和扬弃异化的历史。通过劳动和对劳动异化的扬弃,人类得以生成并不断塑造着自身。诚如他所指出的:"整个所谓世界历史不外是人通过人的劳动而诞生的过程,是自然界对人来说的生成过程。"[1]在劳动中,人们自由地发挥自己的才能,一方面满足自身的需要,另一方面实现对自我的确证。然而,在私有制条件下,劳动沦为人们谋生的手段,这就与其本质相背离,因而沦为异化劳动。在异化劳动中,人"不是肯定自己,而是否定自己,不是感到幸福,而是感到不幸,不是自由地发挥自己的体力和智力,而是使自己的肉体受折磨、精神遭摧残"[2]。通过对无产阶级的现实生产劳动的分析,马克思提出了异化劳动的四个规定,并试图揭示出私有财产的本质和

---

[1] 《马克思恩格斯全集》第3卷,北京:人民出版社,2002年,第310页。

[2] 《马克思恩格斯全集》第3卷,北京:人民出版社,2002年,第270页。

第五章　马克思对黑格尔自由与市民社会观点的批判与超越

起源。通过分析劳动者与劳动之间的关系，马克思展现出人与人的关系以及阶级对立的本质，并把资本家和劳动者之间的关系归结为剥削者和被剥削者的经济关系。通过梳理这些问题之间的逻辑关联，他得出结论：只有消灭私有制，才能消除异化劳动，最终实现共产主义，进而恢复人的本质。他说："共产主义是私有财产即人的自我异化的积极的扬弃，因而是通过人并且为了人而对人的本质的真正占有……它是人和自然界之间、人和人之间的矛盾的真正解决，是存在和本质、对象化和自我确证、自由和必然、个体和类之间的斗争的真正解决。"① 只有在共产主义阶段，人才是真正自由的。这种将自由与劳动实践直接关联起来的做法，以及通过对社会经济生活的分析，寻求到一条摆脱异化、实现全人类的真正自由的科学道路，使马克思的自由观相较于前人而言更加具体且合理。

到《德意志意识形态》时期，马克思开始从唯物史观的角度探讨自由问题。他批判了资产阶级思想家自由理论的抽象性和虚假的普遍性，主张应当从具体的社会历史情境出发讨论实现自由的现实路径，由此转换了探讨自由问题的范式。在他看来，人是具体的社会历史之中的存在，在对人的自由及其实现问题展开探讨时，应当将生产力水平、生产关系状况、社会分工、交往状况以及阶级关系结构等纳入其中，因为它们构成了人现实的生存处境，具体地决定着人的自由的实现。基于这种唯物史观视域，马克思在《德意志意识形态》中主要探讨了关于自由的两个问题。

其一，马克思强调自由的社会历史性质。在他看来，只有有生命的个人的存在才是自由的主体，自由不是脱离了个人现实生活的纯粹

---

① 《马克思恩格斯全集》第 3 卷，北京：人民出版社，2002 年，第 297 页。

189

## 自由与市民社会的关系研究
### ——以黑格尔《法哲学原理》为中心

的思维抽象,通过人的创造性的历史活动过程逐步向前推进并最终得以实现。自由的每一次飞跃都与特定的生产力发展状况和社会发展水平相适应,并形成该时期内"定在的自由"。同时,人能通过创造性与超越性活动不断地突破束缚,超越原有的"定在的自由",从而生成新的自由。就此而言,自由是一个动态的、历史性范畴,一定历史时期的物质生产方式与人们所达到的自由程度密切相关。具体历史时期的生产力发展水平、劳动分工及其组织形式、交往状况、财产分配制度和阶级状况等,都直接关系到人的现实的解放程度,这些状况的发展水平越高,人们就越解放,达到的自由程度相应就越高。

其二,马克思探讨了个体自由与共同体之间的关系。马克思认为:"只有在共同体中,个人才能获得全面发展其才能的手段,也就是说,只有在共同体中才可能有个人自由。在过去的种种冒充的共同体中,如在国家等等中,个人自由只是对那些在统治阶级范围内发展的个人来说是存在的,他们之所以有个人自由,只是因为他们是这一阶级的个人。从前各个人联合而成的虚假的共同体,总是相对于各个人而独立的;由于这种共同体是一个阶级反对另一个阶级的联合,因此对于被统治的阶级来说,它不仅是完全虚幻的共同体,而且是新的桎梏。在真正的共同体的条件下,各个人在自己的联合中并通过这种联合获得自己的自由。"[①]这表明马克思认为个人只有在共同体之中才能实现自由,达到自由的定在。然而,迄今为止,在人类历史发展过程中所结成的共同体都只是"虚幻的共同体",它束缚了人的自由发展,禁锢了人的自主活动,因而,在其中个人自由不可能完全实现。只有在真正的共同体中,个人才能实现完全的自由。所谓真正的共同体,

---

[①] 《马克思恩格斯文集》第1卷,北京:人民出版社,2009年,第571页。

## 第五章　马克思对黑格尔自由与市民社会观点的批判与超越

"它是各个人的这样一种联合（自然是以当时发达的生产力为前提的），这种联合把个人的自由发展和运动的条件置于他们的控制之下"①。在1848年的《共产党宣言》中，它被更为明确地表述为："代替那存在着阶级和阶级对立的资产阶级旧社会的，将是这样一个联合体，在那里，每个人的自由发展是一切人的自由发展的条件。"②这些都再次表明马克思将个人自由的实现与共同体紧密绑定在一起。反过来，作为"自由人联合体"的真正共同体需要通过无产阶级特定的历史实践，亦即共产主义革命这种不断地"消灭现存状况的现实的运动"③才能实现。从某种意义上讲，这种动态性彰显了共产主义理论和自由概念的革命性。总之，《德意志意识形态》标志着马克思自由观的根本确立。在其后的文本中，诸如《哲学的贫困》《共产党宣言》《政治经济学批判》《1857—1858年经济学手稿》以及《资本论》等，他关于自由的思想均沿着这条逻辑脉络而展开、丰富和发展。从对马克思关于自由问题的认识与把握的历史考察中可以看出，他的自由观的形成经历了一个从抽象到科学的发展过程，最终实现了自由观上的历史性转向与根本性变革。总体上看，寻求全人类解放是马克思一以贯之的思想，而人的自由问题内在于人类解放这一总问题之中。尽管在马克思的诸多文本中，并没有对自由问题作过系统的论述，但自由问题无疑自始至终都是他最为重要的理论关注点之一，甚至可以说，自由问题是马克思哲学最根本的理论旨趣。

---

① 《马克思恩格斯文集》第1卷，北京：人民出版社，2009年，第573页。
② 《马克思恩格斯文集》第2卷，北京：人民出版社，2009年，第53页。
③ 《马克思恩格斯文集》第1卷，北京：人民出版社，2009年，第539页。

## 二、马克思的自由观是积极的自由观吗？

自从以赛亚·伯林把自由区分为积极自由和消极自由以来，国内外很多学者借用这一区分来观照诸多思想家们的自由观，并将他们归为非此即彼的队列。其中，主流学者们大多将马克思的自由思想归结为积极自由，这种做法为大多数人所认同。例如，他们认为马克思强调发挥无产阶级的积极主动性和革命性推翻旧世界，诉诸暴力革命的方式来建立共产主义新世界，进而实现全人类的自由和解放，这显然是一种积极地"去做……的自由"，它忽略了对个体权利的保护，似乎并不具有"免于……的自由"的意味。就此而言，为马克思的自由思想贴上积极自由的标签似乎显得名副其实。

然而，如果我们结合马克思在不同时期对自由问题的表述进行分析的话，那么我们完全可以驳倒这种流行的偏见。首先，无产阶级作为遭受剥削和压迫、处于社会底层的阶级，要想实现自身的自由，首要的是反抗资本家的剥削和压迫。这种反抗行为并非只有"去做……的自由"这一层含义，而是兼有摆脱（亦即免于）受压迫和剥削的处境与去实现自我的自由和解放这两重含义，两者同是阶级斗争的应有之义，共存于共产主义运动之中。从另一个角度来看，实现自身的自由和解放的一个基本前提就是无产阶级从资本家的剥削和压迫的处境中摆脱出来，单纯撇开这一前提而直接得出结论，在逻辑上显然是说不通的。因而，将马克思所谈论的自由片面地归为积极自由的说法是难以成立的。其次，与其把自由区分为积极自由和消极自由这两种自由，毋宁将积极和消极视为自由的两个方面。凡自由皆有积极和消极这两个维度，虽然伯林在《两种自由概念》中对积极自由和消极自由作出了明确的界定，认为可以据此将所有思想家们的自由理论分别纳入其中,但事实上,我们很难将某一思想家关于自由的观点纯然视为积极的自由抑或消极的自由。恰恰相反,他们既有"消极的"含义,又有"积极的"指向。在《自由及其背叛》中,伯林选取近代以来的六位思想家,分别论述了他们对自由的理解如何因具有积极的偏向而最终走向对自由的反叛,进而在现实中导致了侵害他人权利的悲剧,但是,他根本上并未否认这些哲学家们对个人权利的肯认。因而,我们可以说,绝对的积极自由或绝对的消极自由是不存在的,存在的只是不同思想家对自由的理解存在积极的或消极的偏向。笔者认为,用这种说法来取代伯林对积极的自由和消极的自由的决然区分,或许更具有说服力。

基于以上分析,笔者认为将马克思的自由思想一味地归为积极自由的做法与事实并不相符。在历史唯物主义的语境中,马克思所探讨的自由兼有积极和消极两个面向,只不过他的自由理论更加偏向于积极自由方面。马克思对自由的探讨有一定的策略性,他先是批判资产阶级自由观的虚伪性,指认他们的自由是以无产阶级的不自由为前提的,因而不具有普遍性。要达到现实的普遍自由,必须借助于无产阶级暴力革命的方式来实现,只有无产阶级实现了自身的自由和解放,全人类的自由和解放才得实现。因而,马克思的高明之处是找到了一种现实的、可操作的实现全人类现实自由的途径。

## 三、马克思的自由观排斥道德吗?

在《法哲学原理》中,黑格尔将道德视为一种主观自由形式。然而,马克思非但没有承续黑格尔的这一观点,甚至没有将道德纳入自己探讨自由的视域之中。至少从表面上看,他的历史唯物主义基本上悬置了对道德的探讨,以至于后来很多研究者认为马克思的历史唯物主义是一种缺乏规范性维度的历史科学。即便是在今天的学术界,这

# 自由与市民社会的关系研究
## ——以黑格尔《法哲学原理》为中心

种观点依然占有很大市场。当然,这种观点自有其文本依据,这主要表现为在马克思的诸多文本中绝少直接论及道德问题,甚至在他看来,资本主义社会中流行的道德、法律,都具有资产阶级的属性。因而,一旦着眼于道德角度来探讨社会不平等和异化等问题,就会陷入资产阶级的意识形态窠臼,无法实现对它的解构和超越。基于这一考量,马克思总是从生产力的角度来思考人类历史的走向。这就为那些认为历史唯物主义否定道德的人留下了口实,他们据此将马克思视为一个"目的证明手段正确"的后果主义者,认为在马克思的阶级斗争话语中无须讲道德,只要能够实现历史的进步,一切手段都是允许的。例如,19 世纪末,斐迪南·滕尼斯(Ferdinand Tönnies)认为,马克思之所以不谈论道德是因为"在搏斗者之间是没有道德的,在战争中是几乎一切都认为可被允许的"①。

事实上,这种诘难未免流于肤浅。诚如上文所分析的,马克思明确批判了古典自由主义所谈论的自由是抽象的自由,只具有虚假的普遍性,因为资产阶级所追求的自由建基于对无产阶级的自由和权利的侵害。以一个阶级对另一个阶级自由及其权利的侵害为手段所实现的自由,在道德上显然是可质疑的,马克思不可能看不到这一点。按照马克思的构想,资产阶级的自由、道德等意识形态虽然具有历史进步性,但又有阶级和历史的局限,不是普遍的、真正的自由和道德。这种情况只有在共产主义阶段才会彻底改观,因为在共产主义社会中,物质财富极大丰富,不再因匮乏而产生个体之间利益的冲突,社会成员之间的关系高度和谐,人们精神境界极为崇高。因而,权利、法治、宽容、民主和正义这些资本主义社会衍生出的基本概念与范畴,不再

---

① 梅林:《保卫马克思主义》,吉洪译,北京:人民出版社,1982 年,第 307 页。

有存在的必要。有基于此,马克思认为,对这些问题从道德上的论证不仅不必要,而且还会产生耽搁甚至阻碍无产阶级革命顺利进行的消极后果,因而对道德论证予以悬置。就此而言,我们不能因为马克思的自由观较少论及道德问题,就错误地认为它排斥道德,是非道德的,相反,马克思的自由观内蕴着超越资产阶级道德观念的更高层次的道德观。当然,马克思主义还站在历史唯物主义的立场,认为人类社会的生产力总是向前发展的,这从根本上决定着历史总是向前进步的。自由的实现是一个历史的展开过程,而非黑格尔意义上的逻辑展现过程,它随着人类历史的发展而不断向前推进,后生的先进的社会形态中人们所达到的自由程度,总是会比先前的社会形态中人们的自由程度要高。

尽管马克思的历史唯物主义具有毋庸置疑的科学性,它深刻地揭示了资本主义社会的内在矛盾,预言了资本主义终将走向消亡的历史宿命,但现实历史的发展却表现出纷繁复杂性。随着生产力的发展,资本主义非但没有如马克思所预言的那样走向衰败、消亡,反而愈益展现出强大的韧性,它基于经济和社会发展的现实情况,适时调整社会结构、政治组织架构乃至意识形态内容,从而缓解社会矛盾,由此展现出自身一定的自我修复能力。此外,马克思所谓的"物质财富极大丰富",是一个内涵极为模糊的词语,我们很难构想出一种衡量标准来度量物质的丰足程度,借以判明共产主义的必要前提是否已然得到满足。但可以肯定的是,将"物质财富极大丰富"理解为可以满足一切人的需要而不致因匮乏而引发社会成员相互间的冲突,显然是错误的。这是因为,在生产力已然高度发达的今天,人们非但没有看到匮乏现象的减退,反而有愈演愈烈之势,就连当代西方主流的分析马克思主义者也普遍承认,物质匮乏、个人之间的冲突和共同体之间的冲突是人类社会的恒久特征。因而,任何具有吸引力的政治理论必须直面这些问题,而如何在道德上对马克思通过无产阶级革命的方式实现全人类的完全自由进行辩护,是摆在信仰马克思主义的人们面前的一个颇为棘手的问题。对于所遭受的来自自由主义等资本主义理论思潮的攻击,马克思本人显然没有打算对这些问题进行处理,而此后民主社会主义者和当代分析的马克思主义者们从马克思主义的立场出发所作的道德上的论证,以及试图构建具有说服力的规范性政治理论,可以说是弥补了马克思这一理论上的缺憾,具有重要的理论意义。

## 第二节 马克思对市民社会决定地位的唯物史观重塑

马克思依据其历史唯物主义的自由理论批判了黑格尔的市民社会理论,从而表达了自己不同于黑格尔有关自由与市民社会之间内在关联的看法。这种批判主要集中在两个方面:其一,驳斥黑格尔对市民社会地位的贬低,认为市民社会对国家具有决定性地位;其二,驳斥黑格尔将现代资本主义国家作为真正自由的完全实现的说法,认为只有在作为"自由人联合体"的共产主义社会中,人的自由才能得到完全的实现。马克思很大程度上认同苏格兰启蒙学派的观点,认为市民社会是现代社会秩序形成并走向成熟的基地,但他对市民社会的理解显然又不同于后者,他所描绘的共产主义社会是扬弃了市民社会的一种社会组织形态。由于马克思对黑格尔市民社会理论的批判主要集中于《黑格尔法哲学批判》和《〈黑格尔法哲学批判〉导言》,在此我们选取这两个文本作为讨论范围。

# 第五章　马克思对黑格尔自由与市民社会观点的批判与超越

## 一、对黑格尔市民社会与国家关系的理论翻转

我们在前文已经指出,黑格尔自由理论的主要关切是人们对自由的追求如何形构了现代社会的社会机制和政治制度。黑格尔认为,资本主义的社会机制和政治制度从根本上表征着自由在现代社会中的实现程度。在他的语境中,现实化了的自由具有严格的逻辑性递进关系,这突出地体现在市民社会和国家这两种现实的自由形态上。按照自由演进的顺序,市民社会出现在前,它内生出国家①,后出现的国家是自由的最高层次,是伦理性的整体,反过来又决定着市民社会。"国家对家庭和市民社会来说是'外在必然性'","家庭和市民社会把国家作为自己的'内在目的'来对待"。② 也就是说,虽然从发生学上讲,国家是从家庭和市民社会中衍生出来的,但它一旦形成,反过来又是家庭和市民社会存在的真实基础,二者存在的真正目的是要展现出国家这种"外在必然性"。就此而言,黑格尔显然是悬置了自由的发生学次序,而是选取了逻辑学的立场,认为市民社会是以现代国家为基础发展出来的。对此,他说:"在现实中国家本身倒是最初的东西,在国家内部家庭才发展成为市民社会。"③显然,他这里所谓"现实"的真实含义是逻辑的现实,而非历史的现实,由此表现出他在自由的发生学和

---

① 当然,我们自当时刻谨记,在《法哲学原理》的文本语境中,黑格尔所谓国家具有明确的指向,即近代以来在资本主义生产方式之上生长出来的现代国家,并且,他所描述的是与现代国家的理念相符的理想性存在。

② 《马克思恩格斯全集》第3卷,北京:人民出版社,2002年,第7~8页。

③ 黑格尔:《法哲学原理》,范扬、张企泰译,北京:商务印书馆,2013年,第252页。

# 自由与市民社会的关系研究
## ——以黑格尔《法哲学原理》为中心

逻辑学演进的问题上,存在着前后相互矛盾之处。

马克思洞见了黑格尔的这一逻辑学取向的乖谬之处。一方面,在《黑格尔法哲学批判》中,他认为黑格尔所描述和规定的国家实质上是国家的理念,是逻辑学意义上的存在,而非现实的国家形态;另一方面,他明确指出,"黑格尔想使'自在自为的普遍东西'——政治国家——不由市民社会决定,而是相反,使它决定市民社会"[①]。黑格尔的这一做法,是用"神秘主义"的逻辑颠倒了国家与市民社会之间的真实关系,也是在逻辑上颠倒了现代人的自由生活。马克思批判黑格尔法哲学的一个重大理论贡献,就是将黑格尔的这种神秘主义颠倒给重新翻转过来,指出家庭和市民社会才是国家的基础,对国家具有决定作用,而不是相反。他说:"家庭和市民社会是国家的现实的构成部分,是意志的现实的精神存在,它们是国家的存在方式。家庭和市民社会使自身成为国家。它们是动力。"[②]"政治国家没有家庭的自然基础和市民社会的人为基础就不可能存在。它们对国家来说是必要条件。"[③]从唯物史观的角度看,家庭和市民社会与特定的物质生产方式直接相关,属于经济基础的行列,从根本上决定了国家这一上层建筑,因而,二者构成了国家产生的前提性条件,而国家则是二者发展的结果。正基于此,马克思才批评道,在黑格尔那里,"制约者被设定为受制约者,规定者被设定为被规定者,生产者被设定为其产品的产品"[④]。也就是说,黑格尔完全颠倒了主体和对象,这就是他为了遵从其逻辑学而不得不将其理论削足适履,最终导致理论陷入神秘主义的谬误之处。

---

① 《马克思恩格斯全集》第 3 卷,北京:人民出版社,2002 年,第 113 页。
② 《马克思恩格斯全集》第 3 卷,北京:人民出版社,2002 年,第 11 页。
③ 《马克思恩格斯全集》第 3 卷,北京:人民出版社,2002 年,第 12 页。
④ 《马克思恩格斯全集》第 3 卷,北京:人民出版社,2002 年,第 12 页。

## 第五章　马克思对黑格尔自由与市民社会观点的批判与超越

马克思不仅剖析了黑格尔在国家与市民社会关系问题上犯了逻辑颠倒的错误，而且还紧紧围绕政治领域对黑格尔错误的国家观展开了有力批判。但他并未止步于此。如同在《论犹太人问题》中批判鲍威尔没有认识到宗教问题的深层社会根源，因而只是停留于争取政治解放的理解上那样，马克思认为，对国家的批判如若仅仅涉及政治领域也只是停留在问题的表面。要深入这一表面背后发掘问题的根源，就需要深入考察市民社会领域，这就需要由政治学的研究转向政治经济学的研究。因而，马克思进一步探究现代资本主义社会的逻辑，由政治批判转向了政治经济学的批判，从而实现了研究市民社会问题的视角转换。虽然我们无法确认这种转换究竟是直接得益于黑格尔还是受苏格兰启蒙学派的直接影响，但可以肯定的是，马克思和黑格尔一样，遵循了早先的苏格兰启蒙思想家们对市民社会所作的规定，将市民社会看作是经济活动领域，是人们通过经济活动来追求自身利益的生存实践场域，它的内在矛盾主要体现在从事经济活动的人们之间利益的相互冲突。因而，对经济关系的研究成为马克思考察市民社会的理论切入点，而这种唯物史观视角的确立，显然与马克思对黑格尔法哲学的批判性研究密切相关。诚如马克思在《〈政治经济学批判〉序言》中所明确承认的那样，对黑格尔法哲学的研究促使他"得出这样一个结果：法的关系正像国家的形式一样，既不能从它们本身来理解，也不能从所谓人类精神的一般发展来理解，相反，它们根源于物质的生活关系，这种物质的生活关系的总和，黑格尔按照18世纪的英国人和法国人的先例，概括为'市民社会'，而对市民社会的解剖应该到政治经济学中去寻求"[①]。

---

① 《马克思恩格斯文集》第2卷，北京：人民出版社，2009年，第591页。

# 自由与市民社会的关系研究
## ——以黑格尔《法哲学原理》为中心

在对待市民社会的态度上,马克思和黑格尔同样保持了一致,没有像苏格兰启蒙学派那样乐观,而是对市民社会自身存在的问题表达了忧虑。虽然他们在一定程度上赞同苏格兰启蒙学派对市民社会自组织功能的描述,认为这是人类文明发展和社会进步的一个重要表征,但他们又认为,市民社会作为一个纷繁复杂的经济领域,人们之间的经济利益相互交织,矛盾错综复杂,个人的自利行为很难自发地发展到促进公益实现的程度,因而,单凭市民社会本身难以实现真正的自行控制、自行组织。然而,在如何应对市民社会自身的限度这一问题上,马克思与黑格尔开始分道扬镳。

黑格尔看到了市民社会的发展会内生出诸多社会问题,在解决市民社会的内在矛盾及其消极因素方面,他诉诸国家自上而下的调节,认为国家作为最高的伦理实体能够克服市民社会的局限,防止市民社会自身内生出的生产过剩问题、贫富分化问题、不平等问题可能造成的社会无序状态。马克思虽然和黑格尔一样选取了整体主义视角,但他并不像黑格尔那样认为国家可以从根本上克服市民社会的这些缺陷,并且,他摒弃了黑格尔的逻辑学立场,吸收了斯密古典政治经济学的研究方法,从劳动入手对现代社会的经济结构进行分析,却得出了与斯密截然不同的结论。他认为,资本主义私有制是市民社会一切问题产生的根源,而私有制下的劳动是异化了的劳动,异化劳动下产生的交往关系自然是成问题的。因而,想要从根本上消解市民社会中的诸多问题,就必须消灭私有制,从而消除它产生异化的内在可能性。

马克思认为,消灭私有制的具体途径是通过无产阶级的革命实践实现共产主义。马克思并未将共产主义设想为一个与资本主义国家相类似的结构完善、制度完备的政治共同体,不认为共产主义社会会拥有强有力的政治权力来规范人们的生产和生活,它也不是一个各人竞相逐利、私欲膨胀的市民社会,而是一个市民社会与国家回归统一的社会形态。然而,这种统一决然不同于近代以前市民社会与国家尚未实现二元分化时的浑然不分,而是"使国家权力回归社会,由社会自行掌握"①,从而在社会中实现人民自行决定他们的政治和经济生活。在马克思那里,"历史任务就是国家制度的回归"②。这表明,与黑格尔赞美组织有序的国家整体不同,马克思将个人置于更为宏大的社会共同体中予以考察。根据他的设想,共产主义社会是一个国家消亡、个人相互之间不再有压迫和剥削等不平等关系的生活共同体,整个社会的运转凭靠一套自生的规则而进行,并形成一种良好的社会秩序。自由、平等共存于这一社会图景之中,两不相害,社会矛盾处在完全可控的良性范围之内。在马克思看来,黑格尔所描绘的国家是一个充满剥削、异化、不平等和阶级严重对立的资本主义国家,是虚幻的共同体,而他本人则致力于通过无产阶级这一市民社会最底层阶级的革命运动,建立起一个超阶级的"自由人联合体"。唯其如此,自由才能不单是在政治领域,而是在人类社会的所有领域获得真正实现。

## 二、自由的实现与人的解放

在《黑格尔法哲学批判》中,马克思在剖析黑格尔的市民社会理论的过程中,已经发现私有财产——物质利益之所在——在人们的经济活动中具有决定性作用。这与黑格尔相异,而与苏格兰启蒙学派相同。对黑格尔而言,虽然他也赞成英国古典政治经济学家对劳动和需要的分析,认为对个人物质利益的追求既是人们经济活动的动力来

---

① 参见荣剑:《马克思的国家和社会理论》,《中国社会科学》2001年第3期。

② 《马克思恩格斯全集》第3卷,北京:人民出版社,2002年,第42页。

## 自由与市民社会的关系研究
### ——以黑格尔《法哲学原理》为中心

源,也是市民社会运行的一个主要原则,但他从绝对精神这一主体的自我实现进程出发,认为这一切都是绝对精神自我显现的结果,因而,从根本上讲,是理念而非物质利益决定一切。在这方面,英国古典政治经济学家则充分肯定了人们追求私人利益的正当性,认为这从根本上决定了人们的一切实践活动,并形成了市民社会一套有序的运行规则。一方面,马克思检视了黑格尔思想的抽象性、谬误性,但也从黑格尔那里吸收了合理的思想要素:在《法哲学原理》中,黑格尔在对所有权进行分析时,将事物视为人与人之间产生关联的中介性因素,因而人与事物之间的关系根本上是人与人之间的关系,这一观点被马克思所接受。另一方面,他从苏格兰启蒙学派那里提炼出物质利益对人们的经济行为具有决定性作用的观点。在综合两者的基础上,马克思得出物质利益反映了人与人之间的物质生活关系的结论,并从政治经济学的角度出发,创造性地提出了唯物史观。

马克思以唯物史观为指导,深入考察了资本主义国家的社会经济结构,指出劳动异化、阶级对立等问题是资本主义社会自身所固有的矛盾,贯穿于整个资本主义发展的始终,在资本主义体制下根本无法消解。在这种生产关系下,人理想的自由自觉的劳动不复存在,取而代之的是异化劳动。只要资本主义生产关系不被消灭,异化劳动就会永远存在。唯有在生产力高度发达、交往普遍化以及阶级对立、劳动异化等问题根本消解了的共产主义阶段,每个人才会实现真正的自由,进而一切人的自由也才得到真正实现,最终构成"自由人联合体"。在马克思那里,"自由人联合体"肯定不是以国家的形态而存在,因为国家是阶级对立发展到一定阶段的产物,到了"自由人联合体"阶段,随着阶级对立的根本消除,国家必然走向消亡。就此而言,"自由人联合体"是没有政府存在情况下的所有人的联合。在这种联合之下,行政强制不再存在,取而代之的是人们自行组织生产生活,因而"自由人

## 第五章 马克思对黑格尔自由与市民社会观点的批判与超越

联合体"更多地具有市民社会的自组织特征。①

对于实现"自由人联合体"的现实途径和实现主体,马克思给予了重点关注,并在批判黑格尔法哲学的过程中予以呈露。黑格尔将民众分为三种不同的等级,其中,唯有普遍等级可以作为社会整体的代表,摒除私心,为实现普遍利益和自由而积极参与到政治事务中去。他反对普遍民主制,反对所有公民普遍地参与到国家事务中来。他赞同代议制民主,认为市民社会可以选派议员参与国家的管理,但个人可以通过公共舆论来表达自己的意志和对普遍事务的主观意见,因而,在表达个人的利益关切和维护个人权利方面,新闻舆论和言论自由具有极为重要的作用。此外,黑格尔不像苏格兰启蒙学派那样对理性的经济人抱有乐观的期望,认为市民社会中个人的自利行为可以导致公益的实现。恰恰相反,他倾向于将理想寄托在抽象的普遍性上,认为只有普遍等级才能担当起维护公共美德的职责,认为普遍等级在合理地追求和维护普遍利益的过程中,不会对个人的特殊利益造成损害。在这方面,苏格兰启蒙学者们从人性的多重面相出发,认为从事经济活动的每一个人都既有自利的一面,又具有公共美德的一面。与他们相比,黑格尔反倒表现出一定程度的偏执。

对此,马克思指出,黑格尔所设想的普遍等级对普遍利益的追求、对普遍自由的实现和保护,具有明显的虚伪性,黑格尔的普遍等级所

---

① 有西方学者总结出市民社会的三个基本特征:(1)自由民主的基础结构;(2)中产阶级形成并成为社会运行的主导性力量;(3)自发性组织团体取代政府而成为处理社会矛盾的主要组织力量(参见彼得·高恩:《华盛顿的全球赌博》,顾薇、金芳译,南京:江苏人民出版社,2003年,第335~340页。)如果据此观照马克思所描绘的共产主义的话,他显然是取消了前两者在共产主义社会中的存在,仅仅保留了市民社会的自组织特征,这表明,马克思将自我组织能力视为人类社会进步的一个主要特征。

## 自由与市民社会的关系研究
## ——以黑格尔《法哲学原理》为中心

致力的"普遍事务所具有的形式只能是不成形,只能是一种自欺的、自相矛盾的形式,一种虚假形式,而这种形式会显示出自己就是这种假象"①。表面上看,市民社会通过选举议员参与到国家事务中去,从而能够间接地保障自身利益尽可能地实现,但根本上讲,这种议员组成的政府机构并不能真正履行他们维护市民社会成员利益的义务,难以保障他们的自由,因为这些机构的存废、官员的去留,最终都是由君主规定的。然而,民众与君主之间"包含着谐和一致的可能性,因而也同样包含着敌对反抗的可能性"②。事实上,按照马克思的理解,敌对反抗的可能性要远远大于谐和一致的可能性,尤其是随着被统治者的阶级意识的日渐觉醒,敌对反抗的可能性会愈发凸显。马克思敏锐地指出,虽然黑格尔对普遍等级的描述乍看起来是一个追求和维护所有社会成员的超阶级群体,但他具有明显的阶级立场,即站在资产阶级的立场上对现行资本主义制度进行哲学上的辩护,是对资产阶级享有现实的自由和无产阶级具有虚假的形式自由而事实上不自由之合理性的论证。黑格尔自以为通过严密的逻辑推演,成功地论证了现代资本主义国家是人类社会所能实现的最普遍的、自由程度最高的国家形态,是人类历史的终结。然而,马克思的论证有力地证明了资本主义的存在只具有暂时的合理性,不具有终极性意义。资本主义是历史性存在,它在历史中产生,也终将在历史中消亡。这种形态下所实现的自由自然就不是人类所能够通达的自由的最高限度。

此外,马克思并不赞同黑格尔对普遍等级的描述,也不认为黑格尔那里的普遍等级群体是无私的、可以代表社会整体的普遍利益的群

---

① 《马克思恩格斯全集》第 3 卷,北京:人民出版社,2002 年,第 81 页。

② 《马克思恩格斯全集》第 3 卷,北京:人民出版社,2002 年,第 93 页。

## 第五章 马克思对黑格尔自由与市民社会观点的批判与超越

体,但他认同存在一个可以作为社会整体之普遍利益的代表群体。同时,马克思避免从政治意义上对这一群体作出区分,因而不谈等级,而是从经济学意义上对其作出规定,只谈阶级,[①]认为无产阶级才是市民社会普遍利益的真正代表,"这个阶级与整个社会亲如兄弟,汇合起来,与整个社会混为一体并且被看做和被认为是社会的总代表;在这瞬间,这个阶级的要求和权利真正成了社会本身的权利和要求,它真正是社会的头脑和社会的心脏"[②]。作为市民社会普遍利益的总代表,无产阶级负有解放全人类的历史使命,这种使命的开展以无产阶级自身政治革命的开展为前提。他说:"局部的纯政治的革命的基础是什么呢?就是市民社会的一部分解放自己,取得普遍统治,就是一定的阶级从自己的特殊地位出发,从事社会的普遍解放。"[③]也就是说,无产阶级只有借助政治革命的方式解放自身,才能实现全人类的普遍解放。

马克思认为,通过政治解放所实现的资本主义民主制度,只是一部分人的解放,只能是部分人获得形式上的自由,而非全人类的普遍

---

[①] 虽然马克思在《黑格尔法哲学批判》中的确切表述是:"丧失财产的人们和直接劳动的即具体劳动的等级,与其说是市民社会中的一个等级,还不如说是市民社会各集团赖以安身和活动的基础。"(参见《马克思恩格斯全集》第3卷,北京:人民出版社,2002年,第100~101页。)但马克思这里所说的等级似乎已经不同于黑格尔三个等级的划分中的等级,它既包括农业等级中的农民,也包括从事手工业、工商业的破产者,因而已经不是政治意义上的区分,而是经济学上的区分,这从他在《黑格尔法哲学批判》一文中多处指称"无产者",而在其后的文本中则指称为"无产阶级"即可看出。

[②]《马克思恩格斯文集》第1卷,北京:人民出版社,2009年,第14页。

[③]《马克思恩格斯文集》第1卷,北京:人民出版社,2009年,第14页。

## 自由与市民社会的关系研究
### ——以黑格尔《法哲学原理》为中心

自由,因而,这种实现了的自由具有很大的局限性。人类解放是在政治解放的基础上进行的更加广泛而深入的解放,是对政治解放的扬弃。只有超越政治解放,更进一步地实现全人类的解放,才能普遍性地实现所有人的自由。通过人类解放,社会中所有成员都从异化中解放出来,获得了独立、自主而完满的存在,实现了真正的现实自由。就此而言,实现全人类的解放是实现每个人真正自由的基本前提。当然,在马克思看来,抛开人类共同体来谈论个人自由是不严肃的,因为人本质上是社会性存在,这种社会性决定了每个人都现实地处于一定的社会关系网络之中,其生存状况总是与他人密切相关的。如张曙光所言,"人的自由如同人的意志、情感、认知和信仰一样,虽然只能生发并落实于每个个体,却必定体现群体乃至人类的属性即人的共通的人性。因而,在完整的社会的意义上,任何个人的自由都关联着所有其他个人的自由,并因而要求着在自由这一点上的平等"[①]。因而,任何个人的自由都不可能摒弃他人而单独实现,个人自由的实现与否与他人紧密相关,"每个人的自由发展是一切人的自由发展的条件"[②]。

人类解放的途径也即是实现真正自由的途径,而"自由就在于把国家由一个高踞社会之上的机关变成完全服从这个社会的机关"[③]。由于马克思将私有制的存在视为资本主义社会中部分人的自由与无产者不自由的现状产生的根源,人类要想整体上获得真正的自由,必须消灭私有制。显然,马克思并不相信这种转变可以通过资本主义改

---

① 张曙光:《自由之维与自由之累》,《学习与探索》2012 年第 11 期。
② 《马克思恩格斯文集》第 2 卷,北京:人民出版社,2009 年,第 53 页。
③ 《马克思恩格斯文集》第 3 卷,北京:人民出版社,2009 年,第 444 页。

## 第五章 马克思对黑格尔自由与市民社会观点的批判与超越

良的方式而予以实现,他认为唯有通过无产阶级这一全人类利益代表的主体,以革命的方式才能得到彻底实现。这种转变的完成需要无产阶级与哲学相结合才能完成。"这个解放的头脑是哲学,它的心脏是无产阶级。"①无产阶级是实现人类解放的物质武器,哲学则是精神武器。一方面,需要对资产阶级虚妄的理论进行最为严厉而彻底的批判,但是,"批判的武器当然不能代替武器的批判,物质力量只能用物质力量来摧毁"②。另一方面,需要发动无产阶级进行革命的运动,消灭剥削和压迫,彻底铲除资产阶级的统治,"通过这个行动,无产阶级使生产资料摆脱了它们迄今具有的资本属性,使它们的社会性质有充分的自由得以实现……人终于成为自己的社会结合的主人,从而也就成为自然界的主人,成为自身的主人——自由的人"③。只有通过无产阶级的革命实践,才能最终达到无阶级的社会,实现"自由人联合体"。只有在这里,人类才能实现从必然王国向自由王国的跃迁。

---

① 《马克思恩格斯全集》第 3 卷,北京:人民出版社,2002 年,第 214 页。
② 《马克思恩格斯全集》第 3 卷,北京:人民出版社,2002 年,第 207 页。
③ 《马克思恩格斯文集》第 3 卷,北京:人民出版社,2009 年,第 566 页。

# 结 语

## 自由、秩序与乌托邦

在所有政治哲学理论背后隐含着两个根本性原则：一是人类族群的生存和繁衍，二是社会整体的发展。这两个原则既是一切政治哲学理论的出发点和最终指向，也是决定某一理论是否合理、是否具有吸引力，进而赢得赞同或反对的根本准则。以此来观照当代西方诸种政治哲学理论，可以发现，社群主义、共和主义、社会主义等理论是从共同体的生存立论的，认为族群的生存与繁衍具有本体论的优先性，因而强调公共德性、共同体的善对于社会的重要性，较倾向于第一原则。而强调自由之于个人的重要性的自由主义显然更倾向于第二个原则，自由主义把社会为个体自由所提供的外在环境视为个人施展才能和创造力所必不可少的条件，一个对个体诸种基本自由无法保障的社会，必然是缺乏生气和活力的社会，难言社会的发展。想想密尔在《论自由》中对自由之于社会发展的重要性所作的论证，以及罗尔斯将自由原则作为其构想的两个正义原则中的首要原则，即可见出。当然，这里显然是默认了自由是人类应当追寻的核心价值。但自由还有更基础性的意涵，即一种中性的或价值中立的"人有自作主张、自我决断的权能"，"正是有了这种自由，人类才有了在各种可能性中的选择，在

## 结　语　自由、秩序与乌托邦

创造出丰富灿烂的文明的同时,也产生出好坏善恶美丑正邪的各类问题,而自然界是不存在这些价值的矛盾和问题的"[1]。就此而言,自由本身既是一种积极性价值,又构成了一种追求各种价值的人类特有的能力,正是这两重意涵的同时存在促进着人类文明向前演进。

我们很难找寻到一个明晰的衡量标准来测度这两个原则何者更为重要,这就从根本上决定了从不同原则出发所建构的理论很难轻易判明高下。从另一个角度看,分别侧重于两个原则的不同学说——如自由主义与社群主义——之间的相互论争和这种紧张关系的维持,反而有助于避免人类走向激进的历史道路。尤其是在今天全球化深入发展,不同民族共同体通过经济和文化活动已然水乳交融在一起,其意义尤甚。因此,选取一种相对温和的中间道路——执两端而守其中——和一种相对稳妥的文明观来引导人类社会发展,或许更能保障历史车轮的平稳有序推进。无论采取何种立场,我们都不能否认自由作为终极性价值对人的存在的重要意义,它伴随着个体的存在和整个人类发展的始终。人类历史就是一部对自由孜孜以求的历史,对自由价值的追求,必然会牵引着人们建构起愈益发达的现代文明和社会秩序。人们在既有的秩序中存在着,并创造着新的秩序;人们享受着前人的努力赐予我们的自由果实,又在既有自由的基础上求索着更高层次的自由。

笔者认为,在现代社会中,主要存在两种关于自由的理解进路。其一,经验层面上的政治—经济的进路。如同苏格兰启蒙学派、黑格尔和马克思等人所发现的那样,将自由观念不断现实化为从需要到利益再到权利的进路,从而直接建构起现代社会和国家等一整套的社会机制和政治制度。其二,超验层面上的宗教的进路。像马克斯·韦伯

---

[1] 张曙光:《自我意识与自由》,《学术研究》2013 年第 4 期。

那样,全然否定获利欲求是现代资本主义发展的决定性因素[①],而是将新教徒出于宗教虔敬和为争得在俗世获得救赎之资格的崇高宗教情怀作为现代资本主义社会发展的根本动力,通过理性的算计行为在世俗世界创造出实现永恒自由的前提条件。韦伯的这种对现代自由的理解进路,似乎不像古典政治经济学家所设想的那样是出于世俗的获利动机,而是一种形而上的宗教情怀,一种精神追求在俗世的映现。虽然这两种理解进路大相径庭,但它们终归都指向了对现代资本主义秩序乃至整个现代文明与自由之间的内在关联的关注,指向了对资本主义经济内生出的市民社会对于实现和保障个人和社会自由的肯认。在这方面,马克思可能是一个例外。

秩序对自由的维护和促进关系有积极与消极两个面向。消极的面向是指秩序的形成对维护个体自由提供尽可能大的助益,使之免于来自他人或政治组织之伤害;积极的面向则是指在保护个人自由不被侵害的前提下,为不断提升个体自由的实现程度提供良好的外部环境。显然,当代英美自由主义者倾向于秩序的消极面向,他们将自由具体化为权利,通过制定法律和规则将自由圈定到一个秩序的范围内。正如19世纪著名法学家萨维尼所说:"每个个人的存在和活动,若要获得一安全且自由的领域,须确立某种看不见的界线,然而此一界线的确立又须依凭某种规则,这种规则便是法律。"[②]当然,对黑格尔而言,这种规则不仅包括客观的法律,而且包含主观的道德。他更偏向于从积极的意义来看待自由与秩序之间的关系,把某一时期的社会秩序视为对更高自由追求的基础,秩序的形成和改变都是由具体历

---

① 马克斯·韦伯:《新教伦理与资本主义精神》,马奇炎、陈婧译,北京:北京大学出版社,2012年,第7页。

② 转引自郑莱:《〈自由秩序原理〉抑或〈自由宪章〉?》,《读书》1997年第8期。

## 结　语　自由、秩序与乌托邦

史形式展现出的人的自由程度的提升所引发的。他综合以往理性主义和经验主义两种自由理解理路，提出了自己对个体自由与社会秩序之间互动关系的看法，并断定人们能够在此岸世界达到最高程度的自由，而英国式的君主立宪制下的资本主义国家正可以满足他凭靠逻辑学推演出的乌托邦式狂想。

人们通常将至善至美的政治理想称作乌托邦。在西方的语境中，乌托邦有三重内涵。第一，传统意义上的乌托邦观念，是一种通过"局部或全部地打破当时占优势的事物的秩序"①的方式而表明的超越现实的取向，是一种趋向未来的理想。这是一种强的乌托邦观念。第二，现实主义的乌托邦观念，既考虑政治理想的可欲性，又兼顾现实的可行性，是一种深思熟虑的、温和的乌托邦观念。第三，存在主义的乌托邦观念，希望美好的政治理想能够在共同体而非国家这一政治实体中实现，是最弱的乌托邦观念。这三种对乌托邦的理解同理想追求和现实指向密切相关，它们直接关涉人们通过什么途径、在多大程度上、通过何种形式实现自己理想的好生活。就此而言，无论是何种意义上的乌托邦，都对人们产生巨大的吸引力，即便它是虚妄的，很难转变为现实的，只不过是人类为自身的存在找寻一种虚妄价值的自欺性目标，可是，谁又能拒绝它的诱惑呢？它作为一种价值悬设，不仅是指向未来的一种促使人们实践活动、奋发进取的精神性动力，而且是朝向过去的关于我们如何对待传统和直面当下的生存意义的重要因素。就此而言，它对整个人类历史而言，意义重大。诚如卡尔·曼海姆（Karl Mannheim）所说，乌托邦的消失带来事物的静态，在静态中，人本身变成了不过是物。于是我们将面临可以想象的最大的自相矛盾

---

① 卡尔·曼海姆：《意识形态与乌托邦》，黎鸣、李书崇译，北京：商务印书馆，2000年，第196页。

的状态,即达到了理性支配存在的最高程度的人已没有任何理想,变成了不过是有冲动的生物而已。这样,在经过长期曲折的,但亦是史诗般的发展之后,在意识的最高阶段,当历史不再是盲目的命运,而越来越成为人本身的创造,同时乌托邦已被摒弃时,人便可能丧失其塑造历史的意志,从而丧失其理解历史的能力。[①]

人作为精神性存在,总是怀有对未知美好理想的憧憬,以有限之存在追求无限之理想,是人类无法摆脱的一个根本性矛盾,但它同时也是促使人类社会发展和进步的内在动力。人们对自由的美好期许,就像完美无瑕的乌托邦式政治理想那样,诱引着人们在现实中不知疲倦地追求,而人们自身需要明了的是,自由的任何扩展和实现,都要有相应的条件并确立起与之适应的规则。

---

① 卡尔·曼海姆:《意识形态与乌托邦》,黎鸣、李书崇译,北京:商务印书馆,2000年,第268页。

# 参考文献

阿瑟·赫尔曼:《苏格兰:现代世界文明的起点》,启蒙编译所译,上海:上海社会科学院出版社,2016年。

奥尔森:《基督教神学思想史》,吴瑞诚、徐成德译,北京:北京大学出版社,2003年。

柏拉图:《理想国》,郭斌和、张竹明译,北京:商务印书馆,1986年。

彼得·高恩:《华盛顿的全球赌博》,顾薇、金芳译,南京:江苏人民出版社,2003年。

北京大学哲学系外国哲学史教研室编译:《古希腊罗马哲学》,北京:商务印书馆,1982年。

陈村富、庞学铨、王晓朝等编:《古希腊名著精要》,杭州:浙江人民出版社,1989年。

笛卡尔:《第一哲学沉思集》,庞景仁译,北京:商务印书馆,1986年。

戴维·米勒、韦农·波格丹诺:《布莱克维尔政治学百科全书》,北京:中国政法大学出版社,1992年。

邓正来、J. C. 亚历山大编：《国家与市民社会：一种社会理论的研究路径》，北京：中央编译出版社，1999年。

邓晓芒：《思辨的张力——黑格尔辩证法新探》，北京：商务印书馆，2016年。

费希特：《伦理学体系》，梁志学、李理译，北京：商务印书馆，2010年。

弗朗西斯·福山：《历史的终结及最后之人》，黄胜强、许铭原译，北京：中国社会科学出版社，2003年。

冯·哈耶克：《哈耶克论文集》，邓正来选编译，北京：首都经济贸易大学出版社，2001年。

高全喜：《苏格兰道德哲学十讲》，上海：上海三联书店，2023年。

汉娜·阿伦特：《人的境况》，王寅丽译，上海：上海人民出版社，2005年。

霍布斯：《利维坦》，黎思复、黎廷弼译，北京：商务印书馆，2021年。

黑格尔：《哲学史讲演录》第2卷，贺麟、王太庆等译，上海：上海人民出版社，2013年。

黑格尔：《法哲学原理》，范扬、张企泰译，北京：商务印书馆，1961年。

赫伯特·马尔库塞：《理性和革命：黑格尔和社会理论的兴起》，程志民等译，上海：上海人民出版社，2007年。

基佐：《欧洲文明史》，程洪逵、沅芷译，北京：商务印书馆，2005年。

康德：《实践理性批判》，邓晓芒译，北京：人民出版社，2003年。

康德：《判断力批判》，邓晓芒译，北京：人民出版社，2002年。

卡尔·曼海姆：《意识形态与乌托邦》，黎鸣、李书崇译，北京：商务印书馆,2000年。

莱布尼茨:《人类理智新论》,陈修斋译,北京:商务印书馆,1982年。

罗素:《罗素文集》第1卷,段德智、张传有、陈家琪译,北京:商务印书馆,2012年。

罗素:《西方哲学史》(上卷),何兆武、李约瑟译,北京:商务印书馆,1963年。

李非:《富与德:亚当·斯密的无形之手——市场社会的架构》,天津:天津人民出版社,2001年。

梁学志选编:《自由的体系:费希特哲学读本》,北京:商务印书馆,2008年。

梁志学主编:《费希特著作选集》第2卷,北京:商务印书馆,1994年。

梁志学:《费希特青年时期的哲学创作》,北京:中国社会科学出版社,1991年。

李秋零主编:《康德著作全集》第8卷,北京:中国人民大学出版社,2010年。

李秋零编译:《康德书信百封》,上海:上海人民出版社,1992年。

卢梭:《社会契约论》,何兆武译,北京:商务印书馆,2003年。

卢梭:《论人类不平等的起源和基础》,李常山译,北京:商务印书馆,1962年。

《马克思恩格斯全集》第1卷,北京:人民出版社,1995年。

《马克思恩格斯全集》第3卷,北京:人民出版社,2002年。

《马克思恩格斯文集》第1卷,北京:人民出版社,2009年。

《马克思恩格斯文集》第2卷,北京:人民出版社,2009年。

《马克思恩格斯文集》第3卷,北京:人民出版社,2009年。

马克斯·韦伯:《新教伦理与资本主义精神》,马奇炎、陈婧译,北京:北京大学出版社,2012年。

马丁·路德:《路德选集》,徐庆誉、汤清译,北京:宗教文化出版社,2010年。

梅林:《保卫马克思主义》,吉洪译,北京:人民出版社,1982年。

苗力田译编:《黑格尔通信百封》,上海:上海人民出版社,1981年。

乔治·萨拜因:《政治学说史》(上卷),托马斯·索尔森修订,邓正来译,上海:上海人民出版社,2008年。

渠敬东编:《现代政治与自然》,上海:上海人民出版社,2003年。

斯宾诺莎:《政治论》,冯炳昆译,北京:商务印书馆,1999年。

斯宾诺莎:《伦理学》,贺麟译,北京:商务印书馆,1997年。

斯宾诺莎:《神学政治论》,温锡增译,北京:商务印书馆,1996年。

斯蒂芬·霍尔盖特:《黑格尔导论:自由、真理与历史》,丁三东译,北京:商务印书馆,2013年。

威廉·R.索利:《英国哲学史》,段德智译,北京:商务印书馆,2017年。

唐纳德·温奇:《亚当·斯密的政治学》,褚平译,南京:译林出版社,2010年。

威尔·金里卡:《当代政治哲学》,刘莘译,上海:上海译文出版社,2011年。

汪晖、陈燕谷主编:《文化与公共性》,北京:生活·读书·新知三联书店,1998年。

修昔底德:《伯罗奔尼撒战争史》(上册),谢德风译,北京:商务印书馆,1985年。

休谟:《人类理智研究》,吕大吉译,北京:商务印书馆,1999年。

休谟:《人性论》,关文运译,北京:商务印书馆,1996年。

谢林:《先验唯心论体系》,梁志学、石泉译,北京:商务印书馆,1983年。

亚里士多德:《政治学》,吴寿彭译,北京:商务印书馆,1965年。

亚当·弗格森:《市民社会史》,北京:中国政法大学出版社,2003年。

亚当·弗格森:《文明社会史论》,林本椿译,沈阳:辽宁教育出版社,1999年。

亚当·斯密:《道德情操论》,蒋自强、钦北愚等译,北京:商务印书馆,2020年。

亚当·斯密:《国富论》,郭大力、王亚南译,北京:商务印书馆,2019年。

以赛亚·伯林:《自由论》,胡传胜译,南京:译林出版社,2011年。

约翰·罗尔斯:《道德哲学史讲义》,顾肃、刘雪梅译,北京:中国社会科学出版社,2013年。

约翰·罗尔斯:《正义论》,何怀宏、何包钢、廖申白译,北京:中国社会科学出版社,2009年。

约翰·洛克:《政府论》(下篇),叶启芳、瞿菊农译,北京:商务印书馆,2019年。

约翰·洛克:《人类理解论》(上册),关文运译,北京:商务印书馆,1959年。

约翰·密尔:《论自由》,许宝骙译,北京:商务印书馆,2005年。

杨伯峻译注:《孟子译注》(上册),北京:中华书局,1988年。

汤普逊:《中世纪经济社会史》(下册),耿淡如译,北京:商务印书馆,1997年。

邓晓芒:《康德自由概念的三个层次》,《复旦学报》2004年第

2期。

邓晓芒:《康德和黑格尔的自由观比较》,《社会科学战线》2005年第3期。

郭伟峰:《自然状态、例外状态与现代性治理——阿甘本对自然状态的重释及其政治哲学意蕴》,《江海学刊》2024年第6期。

李志:《试论马克思文本中的三种自由概念》,《哲学研究》2012年第7期。

林毓生:《从苏格兰启蒙运动谈起》,《读书》1993年第1期。

荣剑:《马克思的国家和社会理论》,《中国社会科学》2001年第3期。

张曙光:《自由之维与自由之累》,《学习与探索》2012年第11期。

张曙光:《自我意识与自由》,《学术研究》2013年第4期。

张佛泉:《自由之确凿意义》,《政治思想史》2010年第3期。

郑莱:《〈自由秩序原理〉抑或〈自由宪章〉?》,《读书》1997年第8期。

David Hume, *A Treatise of Human Nature: A Critical Edition*, Oxford: Oxford University Press, 2007.

David Hume, *Political Essays*, Cambridge: Cambridge University Press, 1994.

John Ehrenberg, *Civil Society: The Critical History of an Idea*, New York: New York University Press, 2017.

Thomas Hobbes, *The English Works of Thomas Hobbes of Malmesbury*, Vol. V, London: John Bohn, 1841.